本書係「敦煌文獻系統性保護整理出版工程」項目成果

二〇二一—二〇三五年國家古籍工作規劃重點出版項目

「十四五」國家重點出版物出版規劃項目

國家古籍整理出版專項經費資助項目

中國國家圖書館藏敦煌文獻

中國國家圖書館 編

第四六册

BD00668～BD00686

國家圖書館出版社

DUNHUANG MANUSCRIPTS IN THE NATIONAL LIBRARY OF CHINA

046

BD00668 ~ BD00686

compiled by the

National Library of China

National Library of China Publishing House

顧問 方廣錩 郝春文 榮新江 李際寧

編纂出版 張志清 魏崇 陳紅彥 殷夢霞 薩仁高娃
謝冬榮 劉波 林世田 廖生訓

編纂 林世田 薩仁高娃 常蓋心 于瑞 劉毅超
劉波 劉炳梅 周升川 劉婷 程佳羽
沈艷麗 高雅

編輯 潘竹 程魯潔 黃鑫 苗文葉

審稿 孫彥 宋志英 鄧咏秋

凡例

一　本書刊布中國國家圖書館藏敦煌文獻，以館藏編號爲序編排。

二　館藏編號采用「BD+流水號」格式，如 BD00001, BD16579 等。背面在編號後加 v 表示。一個編號包含多件文獻者，編號後分别綴以字母 A, B, C 等。一件文獻含有多個内容者，以數字 -1, -2, -3 等標明順序。

三　圖版有縮印或放大處另加説明，尺寸超出本書幅面的以摺葉形式呈現。

四　卷軸裝、梵夾裝、經摺裝等裝幀形制的敦煌文獻，各附外觀圖像。

五　每件文獻依次呈現外觀、正面、背面等。背面僅刊布有文字、圖像或其他要素的圖版，而略去素紙部分，背面圖版同樣以從右到左順序編排。凡有外題者，遵從以上原則。

六　除個别特殊情况外，爲保證閲讀連貫、流暢，圖版儘量通欄呈現。

七　各葉上方附該件文獻全圖，以高亮形式顯示本葉大圖在全卷中的位置。部分長卷文獻全圖衹能分多段呈現時，在上段末以〈符標示下段接續。卷尾内容不足一葉時，文獻全圖使用該圖卷尾部分，亦以〈符標示。背面圖版文字與正面文字方向相反時，文獻全圖按原貌顯示，正文翻轉呈現，以便閲讀研究，用⟲符標示。

八　文獻題名大體沿用中國國家圖書館此前所編多部敦煌文獻目録的考證，部分吸收學界最新研究成果略作調整和完善。文獻題名綜合參考原卷首題、尾題、外題確定，如原卷題名與該文獻正式名稱不同，則采用正式名稱；無題名者，或比定題名，或擬定新名。非漢文文獻在題名前標注語種。有分卷不同等其他情况者，括注於文獻名稱後。

九　本書著録使用通行繁體字，涉及原文中的人名、地名等，必要時保留原字形。

About this publication

1. The documents are presented in shelfmark order.
2. The shelfmarks are in the form BD plus a running number, eg. BD00001, BD16579, &c. If a given shelfmark contains multiple documents, these are distinguished by the letters A, B, C, &c. If a document has multiple contents, they are distinguished by the numbering 1, 2, 3, &c. The verso side of an item is indicated by the letter v.
3. If it has been necessary to reduce or enlarge the size of an illustration, the dimensions are indicated. If the size of an illustration exceeds the size of the book, a folding sheet is used.
4. If the document is a scroll, a folded sutra, or has a stitched binding, a picture of the whole object is provided to show its external appearance.
5. The cover, front, and back of each document are reproduced in sequence. The back of a document is only reproduced if it contains text, illustrations, or other markings, and it is oriented from right to left. If it is blank it is not reproduced.
6. Except in a few special cases, the lines of text are reproduced unbroken to make them coherent and easier to read.
7. An illustration of the complete document is reproduced at the top of each page, and the section where the main illustration appears is highlighted in order to indicate its position. If it has only been possible to reproduce a long scroll in sections, the direction symbol has been used to indicate where one illustration ends and the next one begins. If the end of the scroll occupies less than one page, the direction symbol is used to indicate its position in the illustration of the complete document. If the text on the back of the document has a different orientation from the text on the front, it is reproduced as it is, but is also rotated (indicated with the rotation symbol) so that it can be read easily.
8. The titles of the documents generally conform with those already established by the Library, but in some cases have been amended by drawing on the most recent scholarly research. The titles are derived firstly from the beginning of the text, then from the end of the text, and lastly from the cover. If the title of a document differs from its authoritative form, the authoritative form is used; and if a document has no title, one is either supplied by comparison with similar documents, or a new one is devised. If the document is not in Chinese, its language is indicated before the title. If the number of juan is different from that of the authoritative version, or if there are other irregularities, this is noted.
9. The documents in the book are in traditional Chinese characters. Where the title contains personal or place names, the original characters used for these names are retained.

(Translated by David Helliwell)

第四六册目録

BD00668

妙法蓮華經卷三

（後秦）鳩摩羅什 譯

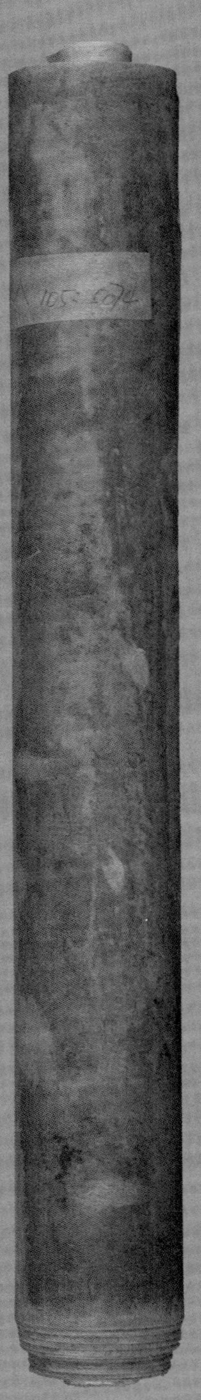

586.1cm × 27.1cm

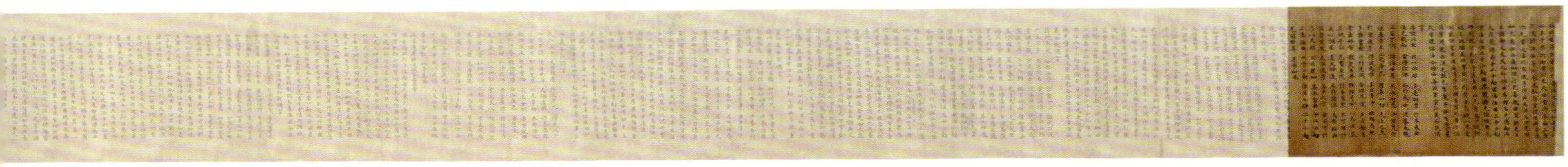

尒時世尊說是偈已告諸大衆唱如是言我
此弟子摩訶迦葉於未來世當得奉覲三百
万億諸佛世尊供養恭敬尊重讚嘆廣宣諸
佛无量大法於㝡後身得成為佛名曰光明
如来應供正遍知明行足善逝世間解无上
士調御丈夫天人師佛世尊國名光德劫名
大莊嚴佛壽十二小劫正法住世二十小劫
像法亦住二十小劫國界嚴餝无諸穢悪瓦
礫荊棘便利不淨其土平正无有高下坑坎
堆阜琉璃為地寶樹行列黄金為繩以界道
側散諸寶華周遍清淨其國菩薩无量千億
諸聲聞衆亦復无數无有魔事雖有魔及魔
民皆護佛法尒時世尊欲重宣此義而說偈

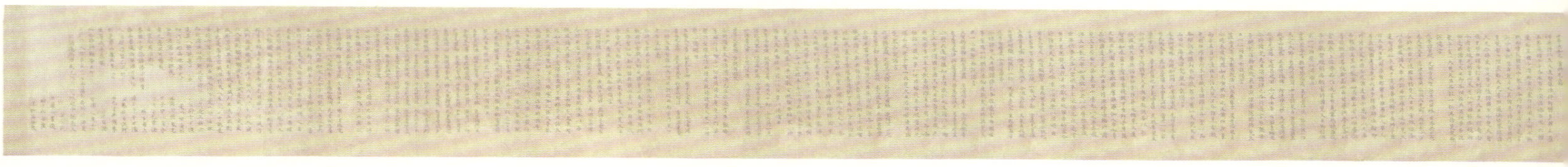

告諸比丘　我以佛眼　見是迦葉　於未來世
過无數劫　當得作佛　而於來世　供養奉覲
三百万億　諸佛世尊　為佛智慧　淨脩梵行
供養最上　二足尊已　脩集一切　无上之慧
於最後身　得成為佛　其土清淨　琉璃為地
多諸寶樹　行列道側　金繩界道　見者歡喜
常出好香　散衆名華　種種奇妙　以為莊嚴
其地平正　无有丘坑　諸菩薩衆　不可稱計
其心調柔　逮大神通　奉持諸佛　大乘經典
諸聲聞衆　无漏後身　法王之子　亦不可計
乃以天眼　不能數知　其佛當壽　十二小劫
正法住世　二十小劫　像法亦住　二十小劫
光明世尊　其事如是

光明世尊　其事如是
尒時大目揵連須菩提摩訶迦栴延等皆悉
悚慄一心合掌瞻仰世尊目不蹔捨即共同
聲而說偈言
大雄猛世尊　諸釋之法王　哀愍我等故　而賜佛音聲
若知我深心　見為授記者　如以甘露灑　除熱得清涼
如從飢國來　忽遇大王膳　心猶懷疑懼　未敢即便食
若復得王教　然後乃敢食　我等亦如是　每惟小乘過
不知當云何　得佛无上慧　雖蒙佛音聲　言我等作佛
心尚懷憂懼　如未敢便食　若蒙佛授記　尒乃得安樂
大雄猛世尊　常欲安世間　願賜我等記　如飢須教食
尒時世尊知諸大弟子心之所念告諸比丘
是須菩提於當來世奉覲三百万億那由他
佛世尊供養恭敬尊重讚歎常脩梵行具菩薩道

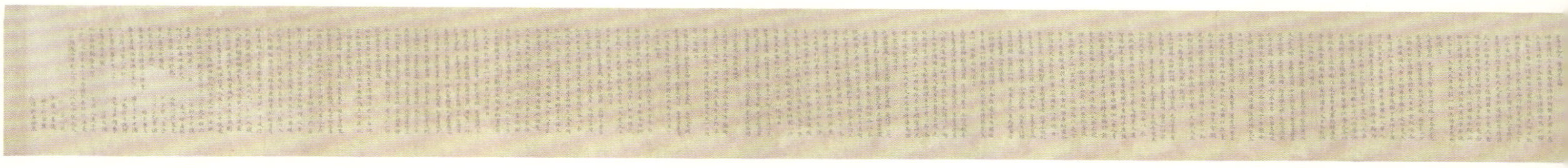

於最後身得成為佛号曰名相如來應供正
遍知明行足善逝世間解无上士調御丈夫
天人師佛世尊劫名有寶國名寶生其土平
正頗梨為地寶樹莊嚴无諸丘坑沙礫荊蕀
便利之穢寶華覆地周遍清淨其土人民皆
處寶臺珎妙樓閣聲聞弟子无量无邊筭數
譬喻所不能知諸菩薩衆无數千万億那由
他佛壽十二小劫正法住世二十小劫像法
亦住二十小劫其佛常處虛空為衆說法度
脫无量菩薩及聲聞衆尒時世尊欲重宣此
義而說偈言

諸比丘衆　今告汝等　皆當一心　聽我所說
我大弟子　須菩提者　當得作佛　号曰名相
當供无數　万億諸佛　隨佛所行　漸具大道

當供无數 万億諸佛 隨佛所行 漸具大道
㝡後身得 三十二相 端正姝妙 猶如寶山
其佛國土 嚴淨第一 衆生見者 无不愛樂
佛於其中 度无量衆 其佛法中 多諸菩薩
皆悉利根 轉不退輪 彼國常以 菩薩莊嚴
諸聲聞衆 不可稱數 皆得三明 具六神通
住八解脫 有大威德 其佛說法 現於无量
神通變化 不可思議 諸天人民 數如恒沙
皆共合掌 聽受佛語 其佛當壽 十二小劫
正法住世 二十小劫 像法亦住 二十小劫
尒時世尊復告諸比丘衆我今語汝是大迦
旃延於當來世以諸供具供養奉事八千億
佛恭敬尊重諸佛滅後各起塔廟高千由旬
縱廣正等五百由旬皆以金銀琉璃車渠馬

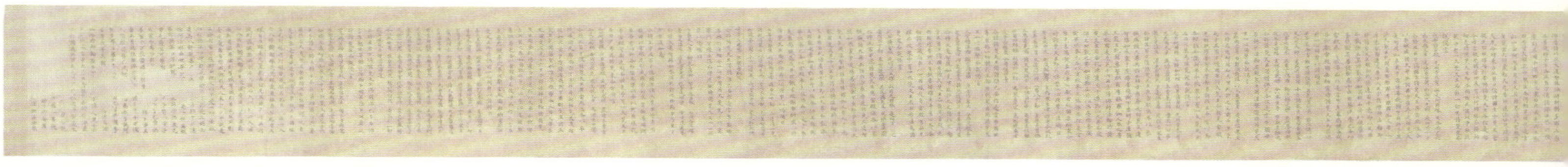

瑙真珠玫瑰七寶合成眾華瓔珞塗香末香
燒香繒蓋幢幡供養塔廟過是已後當復供
養二万億佛亦復如是供養是諸佛已具菩
薩道當得作佛号曰閻浮那提金光如來應
供正遍知明行足善逝世間解无上士調御丈
夫天人師佛世尊其土平正頗梨為地寶樹
莊嚴黃金為繩以界道側妙華覆地周遍清
淨見者歡喜无四惡道地獄餓鬼畜生阿脩
羅道多有天人諸聲聞眾及諸菩薩无量
万億莊嚴其國佛壽十二小劫正法住世二
十小劫像法亦住二十小劫尒時世尊欲重
宣此義而說偈言
諸比丘眾　皆一心聽　如我所說　真實无異
是迦旃延　當以種種　妙好供具　供養諸佛

是迦旃延　當以種種　妙好供具　供養諸佛
諸佛滅後　起七寶塔　亦以華香　供養舍利
其㝡後身　得佛智慧　成等正覺　國土清淨
度脫无量　万億衆生　皆為十方　之所供養
佛之光明　无能勝者　其佛号曰　閻浮金光
菩薩聲聞　斷一切有　无量无數　莊嚴其國
尒時世尊　復告大衆　我今語汝　是大目揵連
當以種種供具供養八千諸佛恭敬尊重諸
佛滅後各起塔廟高千由旬縱廣正等五百
由旬以金銀琉璃車𤦲馬瑙真珠玫瑰七寶
合成衆華瓔珞塗香末香燒香繒蓋幢幡以
用供養過是已後當復供養二百万億諸佛
亦復如是當得成佛号曰多摩羅跋栴檀香

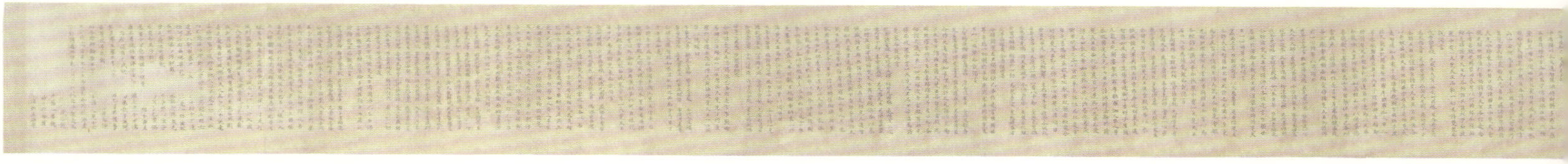

士調御丈夫天人師佛世尊劫名喜滿國名
意樂其土平正頗梨為地寶樹莊嚴散真珠
華周遍清淨見者歡喜多諸天人菩薩聲聞
其數无量佛壽二十四小劫正法住世四十
小劫像法亦住四十小劫尒時世尊欲重宣
此義而說偈言
我此弟子　大目揵連　捨是身已　得見八千
二百万億　諸佛世尊　為佛道故　供養恭敬
於諸佛所　常脩梵行　於无量劫　奉持佛法
諸佛滅後　起七寶塔　長表金剎　華香伎樂
而以供養　諸佛塔廟　漸漸具足　菩薩道已
於意樂國　而得作佛　号多摩羅　旃檀之香
其佛壽命　二十四劫　常為天人　演說佛道

其佛壽命二十四劫 常為天人 演說佛道
聲聞无量 如恒河沙 三明六通 有大威德
菩薩无數 志固精進 於佛智慧 皆不退轉
佛滅度後 正法當住 四十小劫 像法亦尒
我諸弟子 威德具足 其數五百 皆當授記
於未來世 咸得成佛 我及汝等 宿世因緣
吾今當說 汝等善聽

妙法蓮華經化城喻品第七

佛告諸比丘乃往過去无量无邊不可思議
阿僧祇劫尒時有佛名大通智勝如來應供
正遍知明行足善逝世間解无上士調御丈
夫天人師佛世尊其國名好成劫名大相諸
比丘彼佛滅度已來甚大久遠譬如三千大

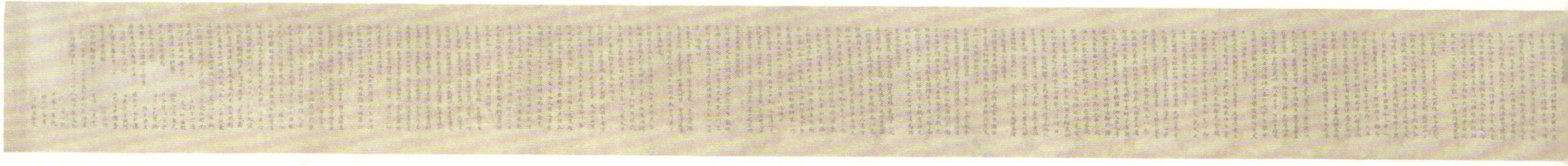

千世界所有地種假使

東方千國土乃下一點大如微塵又過千國
土復下一點如是展轉盡地種墨於汝等意
云何是諸國土若筭師若筭師弟子能得邊
際知其數不不也世尊諸比丘是人所經國
土若點不點盡末為塵一塵一劫彼佛滅度
已來復過是數无量无邊百千万億阿僧祇
劫我以如來知見力故觀彼久遠猶若今日
尒時世尊欲重宣此義而說偈言

我念過去世　无量无邊劫　有佛兩足尊　名大通智勝
如人以力磨　三千大千土　盡此諸地種　皆悉以為墨
過於千國土　乃下一塵點　如是展轉點　盡此諸塵墨
如是諸國土　點與不點等　復盡末為塵　一塵為一劫
此諸微塵數　其劫復過是　彼佛滅度來　如是无量劫

此諸微塵數　其劫復過是　彼佛滅度來　如是无量劫
如來无㝵智　知彼佛滅度　及聲聞菩薩　如見今滅度
諸比丘當知　佛智淨微妙　无漏无所㝵　通達无量劫

佛告諸比丘大通智勝佛壽五百卌万億那由他劫其佛本坐道場破魔軍已垂得阿耨多羅三藐三菩提而諸佛法不現在前如是一小劫乃至十小劫結跏趺坐身心不動而諸佛法猶不在前尒時忉利諸天先為彼佛於菩提樹下敷師子座高一由旬佛於此坐當得阿耨多羅三藐三菩提適坐此座時諸梵天王雨衆天華面百由旬香風時來吹去萎華更雨新者如是不絶滿十小劫供養於佛乃至滅度常雨此華四王諸天為供養佛常擊天鼓其餘諸天作天伎樂滿十小劫至

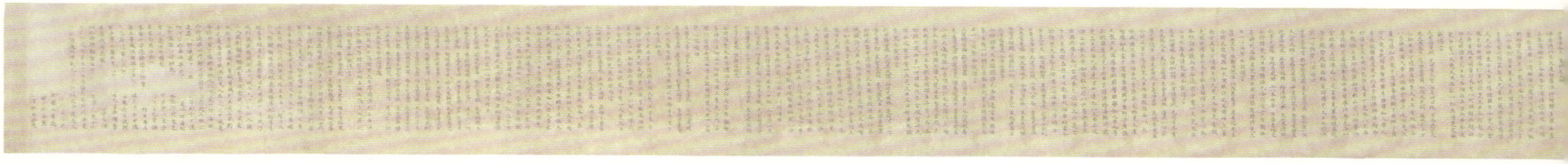

小劫諸佛之法乃現在前成阿耨多羅三藐
三菩提其佛未出家時有十六子其第一
者名曰智積諸子各有種種珍異玩好之具
聞父得成阿耨多羅三藐三菩提皆捨所珍
往詣佛所諸母涕泣而隨送之其祖轉輪聖
王與一百大臣及餘百千万億人民皆共圍
繞隨至道場咸欲親近大通智勝如來供養
恭敬尊重讃歎到已頭面礼足遶佛畢已一
心合掌瞻仰世尊以偈頌曰

大威德世尊　為度衆生故　於无量億歲　尒乃得成佛
諸願已具足　善哉吉无上　世尊甚希有　一坐十小劫
身體及手足　靜然安不動　其心常惔怕　未曾有散亂
究竟永寂滅　安住无漏法　今者見世尊　安隱成佛道

身體及手足　靜然安不動　其心常惔怕　未曾有散亂
究竟永寂滅　安住无漏法　今者見世尊　安隱成佛道
我等得善利　稱慶大歡喜　衆生常苦惱　盲冥无導師
不識苦盡道　不知求解脫　長夜增惡趣　減損諸天衆
從冥入於冥　永不聞佛名　今佛得最上　安隱无漏道
我等及天人　為得最大利　是故咸稽首　歸命无上尊
尒時十六王子偈讚佛已勸請世尊轉於法輪
咸作是言世尊說法多所安隱憐愍饒益諸
天人民重說偈言
世雄无等倫　百福自莊嚴　得无上智慧　願為世間說
度脫於我等　及諸衆生類　為分別顯示　令得是智慧
若我等得佛　衆生亦復然　世尊知衆生　深心之所念
亦知所行道　又知智慧力　欲樂及脩福　宿命所行業
[illegible]

三菩提時十方各五百万億諸佛世界六種
震動其國中間幽冥之處日月威光所不能
照而皆大明其中衆生各得相見咸作是言
此中云何忽生衆生又其國界諸天宮殿乃
至梵宮六種震動大光普照遍滿世界勝諸
天光尒時東方五百万億諸國土中梵天宮
殿光明照曜倍於常明諸梵天王各作是念
今者宮殿光明昔所未有以何因緣而現此
相是時諸梵天王即各相詣共議此事而彼
衆中有一大梵天王名救一切為諸梵衆而
說偈言
我等諸宮殿　光明昔未有　此是何因緣　宜各共求之
為大德天生　為佛出世間　而此大光明　遍照於十方

爲大德天生　爲佛出世間　而此大光明　遍照於十方
尒時五百万億國土諸梵天王與宮殿俱各
以衣裓盛諸天華共詣西方推尋是相見大
通智勝如來處于道場菩提樹下坐師子座
諸天龍王乾闥婆緊那羅摩睺羅伽人非人
等恭敬圍遶及見十六王子請佛轉法輪即
時諸梵天王頭面礼佛遶百千匝即以天華
而散佛上其所散華如須弥山并以供養佛
菩提樹其菩提樹高十由旬華供養已各以
宮殿奉上彼佛而作是言唯見哀愍饒益我
等所獻宮殿願垂納處時諸梵天王即於佛
前一心同聲以偈頌曰
世尊甚希有　難可得值遇　具无量功德　能救護一切

我等所從來 五百万億國 捨深禪定樂 為供養佛故
我等先世福 宮殿甚嚴飾 今以奉世尊 唯願哀納受
尒時諸梵天王偈讚佛已各作是言唯願世
尊轉於法輪度脫衆生開涅槃道時諸梵天
王一心同聲而說偈言
世雄兩足尊 唯願演說法 以大慈悲力 度苦惱衆生
尒時大通智勝如來嘿然許之又諸比丘東
南方五百万億國土諸大梵王各自見宮殿
光明照曜昔所未有歡喜踊躍生希有心即
各相詣共議此事而彼衆中有一大梵天王
名曰大悲為諸梵衆而說偈言
是事何因緣 而現如此相 我等諸宮殿 光明昔未有
為大德天生 為佛出世間 未曾見此相 當共一心求
過千万億土 尋光共推之 多是佛出世 度脫苦衆生

過千万億土　尋光共推之　多是佛出世　度脫苦衆生
尒時五百万億諸梵天王與宮殿俱各以衣
祴盛諸天華共詣西北方推尋是相見大通
智勝如來處于道場菩提樹下坐師子座諸
天龍王乾闥婆緊那羅摩睺羅伽人非人等
恭敬圍遶及見十六王子請佛轉法輪時諸
梵天王頭面礼佛遶百千币即以天華而散
佛上所散之華如須弥山并以供養佛菩提
樹華供養已各以宮殿奉上彼佛而作是言
唯見哀愍饒益我等所獻宮殿願垂納處尒
時諸梵天王即於佛前一心同聲以偈頌曰
聖主天中天　迦陵頻伽聲　哀愍衆生者　我等今敬礼
世尊甚希有　久遠乃一現　一百八十劫　空過无有佛
三惡道充滿　諸天衆減少　今佛出於世　為衆生作眼

世間所歸趣　救護於一切　為衆生之父　哀愍饒益者
我等宿福慶　今得值世尊
尒時諸梵天王偈讚佛已，各作是言：唯願世尊哀愍一切，轉於法輪，度脫衆生。時諸梵天王一心同聲而說偈言：
大聖轉法輪　顯示諸法相　度苦惱衆生　令得大歡喜
衆生聞是法　得道若生天　諸惡道减少　忍善者增益
尒時大通智勝如來嘿然許之。又諸比丘，南方五百万億國土諸大梵王，各自見宮殿光明照曜，昔所未有，歡喜踊躍，生希有心，即各相詣，共議此事：以何因緣，我等宮殿有此光曜？而彼衆中有一大梵天王，名曰妙法，為諸梵衆而說偈言：
我等諸宮殿　光明甚威曜　此非无因緣　是相宜求之
過於百千劫　未曾見此相　為大德天生　為佛出世間

我等諸宮殿　光明甚威曜　此非无因緣　是相宜求之
過於百千劫　未曾見此相　為大德天生　為佛出世間
尒時五百万億諸梵天王與宮殿俱各以衣
裓盛諸天華共詣北方推尋是相見大通智
勝如來處于道場菩提樹下坐師子座諸天
龍王乹闥婆緊那羅摩睺羅伽人非人等恭
敬圍遶及見十六王子請佛轉法輪時諸梵
天王頭面礼佛遶百千匝即以天華而散佛
上所散之華如須弥山并以供養佛菩提樹
華供養已各以宮殿奉上彼佛而作是言唯
見哀愍饒益我等所獻宮殿願垂納處時
諸梵天王即於佛前一心同聲以偈頌曰
世尊甚難值　破諸煩惱者　過百三十劫　今乃得一見

世尊大慈愍　唯願垂納受
尒時諸梵天王偈讚佛已各作是言唯願世
尊轉於法輪令一切世間諸天魔梵沙門婆
羅門皆獲安隱而得度脫時諸梵天王一心同
聲以偈頌曰
唯願天人尊　轉无上法輪　擊于大法鼓　而吹大法螺
普雨大法雨　度无量衆生　我等咸歸請　當演深遠音
尒時大通智勝如來嘿然許之西南方乃至下
方亦復如是
尒時上方五百万億國土諸大梵王皆悉自
覩所止宮殿光明威曜昔所未有歡喜踊躍
生希有心即各相詣共議此事以何因緣我
等宮殿有斯光明而彼衆中有一大梵天王

等宮殿有斯光明而彼衆中有一大梵天王
名曰尸棄爲諸梵衆而説偈言
今以何因緣　我等諸宮殿　威德光明曜　嚴飾未曾有
如是之妙相　昔所不聞見　爲大德天生　爲佛出世間
尒時五百万億諸梵天王與宮殿俱各以衣
裓盛諸天華共詣下方推尋此相見大通智
勝如來處于道場菩提樹下坐師子座諸天
龍王乾闥婆緊那羅摩睺羅伽人非人等恭
敬圍遶及見十六王子請佛轉法輪時諸梵
天王頭面礼佛遶百千迊即以天華而散佛
上所散之華如須弥山并以供養佛菩提樹
華供養已各以宮殿奉上彼佛而作是言唯
見哀愍饒益我等所獻宮殿願垂納處時諸

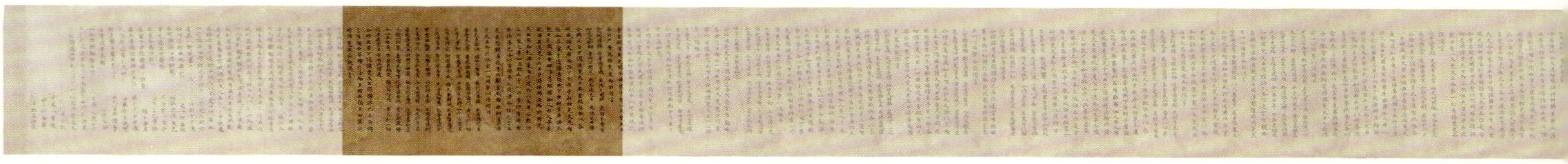

善哉見諸佛　救世之聖尊　能於三界獄　勉出諸衆生
普智天人尊　哀愍群萌類　能開甘露門　廣度於一切
於昔无量劫　空過无有佛　世尊未出時　十方常闇冥
三惡道增長　阿脩羅亦盛　諸天衆轉減　死多墮惡道
不從佛聞法　常行不善事　色力及智慧　斯等皆減少
罪業因緣故　失樂及樂想　住於邪見法　不識善儀則
不蒙佛所化　常墮於惡道　佛為世間眼　久遠時乃出
哀愍諸衆生　故現於世間　超出成正覺　我等甚欣慶
及餘一切衆　喜嘆未曾有　我等諸宮殿　蒙光故嚴飾
今以奉世尊　唯垂哀納受　願以此功德　普及於一切
我等與衆生　皆共成佛道
尒時五百万億諸梵天王偈讚佛已各白佛
言唯願世尊轉於法輪多所安隱多所度脫
時諸梵王而說偈言

BD00668　妙法蓮華經卷三

時諸梵王而說偈言
世尊轉法輪 擊甘露法鼓 度苦惱衆生 開示涅槃道
唯願受我請 以大微妙音 哀愍而敷演 无量劫集法
尒時大通智勝如來受十方諸梵天王及十六
王子請即時三轉十二行法輪若沙門婆
羅門若天魔梵及餘世間所不能轉謂是苦
是苦集是苦滅是苦滅道及廣說十二因緣
法无明緣行行緣識識緣名色名色緣六入
六入緣觸觸緣受受緣愛愛緣取取緣有有
緣生生緣老死憂悲苦惱无明滅則行滅行
滅則識滅識滅則名色滅名色滅則六入滅
六入滅則觸滅觸滅則受滅受滅則愛滅愛
滅則取滅取滅則有滅有滅則生滅生滅則
老死憂悲苦惱滅佛於天人大衆之中說是

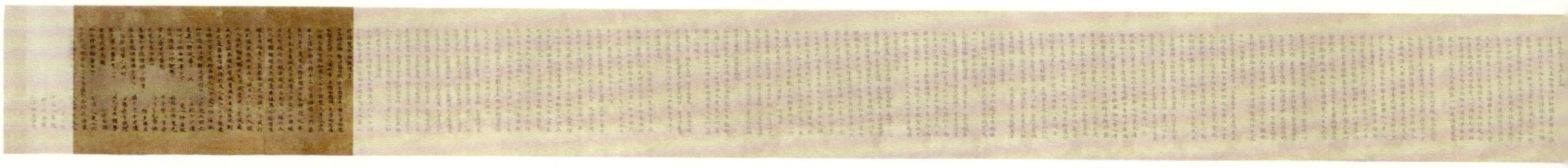

法時六百万億那由他人以不受一切法故
而於諸漏心得解脫皆得深妙禪定三明六
通具八解脫第二第三第四說法時千万億
恒河沙那由他等眾生亦以不受一切法故
而於諸漏心得解脫從是已後諸聲聞眾无
量无邊不可稱數尒時十六王子皆以童子
出家而為沙彌諸根通利智慧明了已曾供
養百千万億諸佛淨脩梵行求阿耨多羅三
藐三菩提俱白佛言世尊是諸无量千万億
大德聲聞皆已成就世尊亦當為我等說阿
耨多羅三藐三菩提法我等聞已皆共脩學
世尊我等志願如來知見深心所念佛自證
知尒時轉輪聖王所將眾中八万億人見十六
王子出家亦求出家王即聽許尒時彼佛受

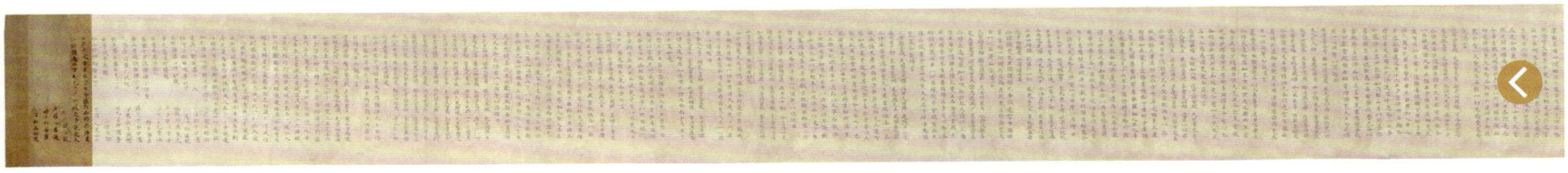

王子出家亦求出家王即聽許尒時彼佛受
沙弥請過二万劫已乃於四衆之中説是大
佛所護念説
三藐三菩提
經時十六菩薩
有信解其餘衆

BD00669 摩訶般若波羅蜜經（四十卷本）卷二八

（後秦）鳩摩羅什 譯

616.1cm × 25.5cm

道須菩提諸菩薩摩訶薩發心求阿耨多羅
三藐三菩提中少有如說行多住聲聞辟支
佛地多有菩薩摩訶薩行般若波羅蜜无方
便力故少所人住阿鞞跋致地須菩提以是
故菩薩摩訶薩欲在阿鞞跋致地欲在阿鞞
跋致數中應當學是深般若波羅蜜復次須
菩提菩薩摩訶薩學是般若波羅蜜時不生
慳貪心不生破戒瞋恚懈怠散亂愚癡心不
生諸餘過失心不生取色相取受想行識相
心不生取四念處想心乃至不生取阿耨多
羅三藐三菩提相心何以故是菩薩摩訶薩
行是深般若波羅蜜无有法可得以不可得
故於諸法不生心取相須菩提菩薩摩訶薩
[illegible]

提是深般若波羅蜜諸波羅蜜悉入中須菩
提譬如我見中悉攝六十二見如是須菩提
是深般若波羅蜜悉攝諸波羅蜜須菩提譬
如人死命根滅故餘根悉隨滅如是須菩提
菩薩摩訶薩行深般若波羅蜜時諸波羅蜜
悉隨從須菩提菩薩摩訶薩欲令諸波羅蜜
度彼岸應學深般若波羅蜜須菩提菩薩摩
訶薩學是深般若波羅蜜者出一切衆生之
上須菩提於汝意云何三千大千國土中衆
生多不須菩提言一閻浮提中衆生尚多何況
三千大千國土佛告須菩提若三千大千國
土中衆生一時皆得人身悉得阿耨多羅三
藐三菩提若有菩薩盡形壽供養尒所佛衣
服飲食卧具湯藥資生所須菩提於汝意

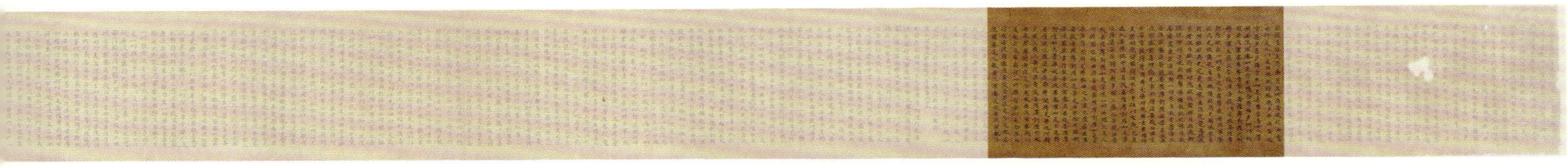

那飲食卧具湯藥資生所須菩提於汝意
云何是人以是因緣故得福德多不須菩提
言甚多甚多佛言不如是善男子善女人學
般若波羅蜜如說行正憶念得福多何以故
般若波羅蜜有勢力能令菩薩摩訶薩得阿
耨多羅三藐三菩提須菩提以是故菩薩摩
訶薩欲出一切衆生之上當學般若波羅蜜
欲為无救護衆生作救護欲與无歸依衆生
作歸依欲與无究竟道衆生作究竟道欲為
盲者作目欲得佛功德欲住諸佛自在遊戲
欲作佛師子吼欲撞擊佛鍾鼓欲吹佛貝欲
昇佛高坐說法欲斷一切衆生疑當學深般
若波羅蜜須菩提菩薩摩訶薩若學深般若
波羅蜜諸善功德无事不得須菩提白佛言
世尊復得聲聞辟支佛功德佛言聲聞辟

過入菩薩位中須菩提菩薩摩訶薩如是學
近薩婆若疾得阿耨多羅三藐三菩提須菩
提菩薩摩訶薩如是學為一切世間天及人
阿脩羅作福田須菩提菩薩摩訶薩如是學
過諸聲聞辟支佛福田之上疾近薩婆若須
菩提菩薩摩訶薩如是學是名不捨不離般
若波羅蜜常行般若波羅蜜須菩提菩薩摩
訶薩如是學深般若波羅蜜當知是不退轉
菩薩疾近薩婆若遠離聲聞辟支佛近阿耨
多羅三藐三菩提須菩提菩薩摩訶薩行般
若波羅蜜時若作是念是般若波羅蜜我以
是般若波羅蜜得一切種智若如是念不名
行般若波羅蜜須菩提若不作是念是般若
波羅蜜是人般若波羅蜜是般若波羅蜜法

BD00669　摩訶般若波羅蜜經（四十卷本）卷二八

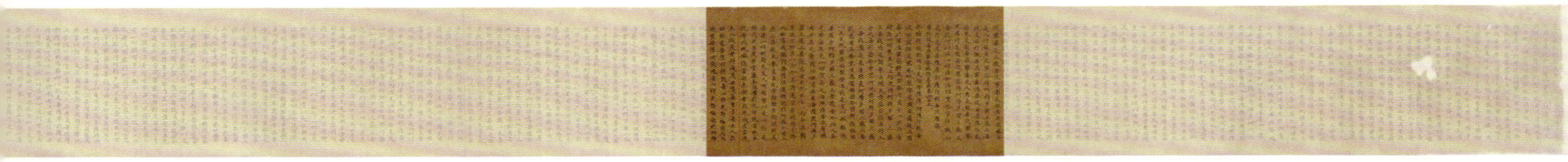

波羅蜜是人般若波羅蜜是般若波羅蜜法
是人行般若波羅蜜得阿耨多羅三藐三菩
提是名行般若波羅蜜須菩提若菩薩住是
念无是般若波羅蜜无人有是般若波羅蜜
无有行是般若波羅蜜得阿耨多羅三藐三
菩提何以故一切法如法性實際常住故如
是行是爲菩薩摩訶薩行般若波羅蜜
摩訶般若波羅蜜經隨喜品第六十三
尒時釋提桓因住是念菩薩摩訶薩行般若
波羅蜜禪波羅蜜毗梨耶波羅蜜羼提波羅
蜜尸羅波羅蜜檀波羅蜜乃至十八不共法
時出一切衆生之上何況得阿耨多羅三藐
三菩提時是諸衆生聞是薩婆若信者得人
中之善利壽命中最何況發阿耨多羅三藐

以天文陁羅華而散佛上發是言以此福德
若有求阿耨多羅三藐三菩提者令此人具
足佛法具足一切智具足自然法若求聲聞
者令具足聲聞法世尊若有菩薩發阿耨多
羅三藐三菩提意者我終不生一念令其轉
還我亦不生一念令其轉還墮聲聞辟支佛
地世尊我願諸菩薩倍復精進於阿耨多羅三
藐三菩提見衆生生死中種種苦惱欲利益
安樂一切世間天及人阿脩羅以是心作是
願我既自度亦當度未度者我既自脫當脫未
脫者我既安隱當安未安者我既滅度當使
未入滅度者得滅度世尊善男子善女人於
初發意菩薩功德隨喜心得幾許福德於久
發意菩薩功德隨喜心得幾許福德於阿鞞

BD00669　摩訶般若波羅蜜經（四十卷本）卷二八

發意菩薩功德隨喜心得幾許福德於阿耨
跋致菩薩功德隨喜心得幾許福德於一生
補處菩薩功德隨喜心得幾許福德佛告釋
提桓因憍尸迦四天下國土可稱知斤兩是
隨喜福德不可稱量復次憍尸迦是三千
大千國土皆可稱知斤兩是隨喜心福德不
可稱量復次憍尸迦三千大千國土滿中海
水取一髮破為百分以一分髮渧取海水可知
渧數是隨喜心福德不可數知釋提桓因白
佛言世尊若衆生心不隨喜阿耨多羅三藐
三菩提者皆是魔眷屬諸心不隨喜者從魔
中來生何以故世尊是諸發心菩薩為破魔
境界故生是故欲愛敬三尊者應生隨喜心
隨喜已應迴向阿耨多羅三藐三菩提以不
一不二相故佛言如是如是憍尸迦若有人於

[illegible]
惡色終不聞惡聲終不嗅惡香終不食惡味
終不觸惡觸終无不隨念終不遠離諸佛從一
佛國至一佛國親近諸佛種善根何以故善
男子善女人為无量阿僧祇初發意菩薩諸
善根隨喜迴向為无量阿僧祇第二地第三
地乃至第十地一生補處諸菩薩摩訶薩善
根隨喜迴向阿耨多羅三藐三菩提以是善
根因緣故疾近阿耨多羅三藐三菩提是諸
菩薩得阿耨多羅三藐三菩提已度无量无邊
阿僧祇衆生憍尸迦以是因緣故善男子善
女人於初發意菩薩善根應隨喜迴向阿耨
多羅三藐三菩提非心非離心於久發意阿
鞞䟦致一生補處善根隨喜迴向阿耨多羅
三藐三菩提非心非離心須菩提白佛言世

三藐三菩提非心非離心須菩提白佛言世
尊是心如幻云何能得阿耨多羅三藐三菩
提佛告須菩提於汝意云何汝見是心如幻
不不也世尊我不見幻亦不見心幻幻須菩
提於汝意云何若无幻亦无心如幻汝見是
心不不也世尊須菩提於汝意云何離幻離
心如幻汝見更有法得阿耨多羅三藐三菩
提不不也世尊我不見離幻離心如幻更有
法得阿耨多羅三藐三菩提世尊我不見更
有法何等法可說若有若无是法相畢竟離
故不墮有不墮无若法畢竟離者不能得阿
耨多羅三藐三菩提无所有法亦不應得阿
耨多羅三藐三菩提何以故世尊一切法无
所有是中无垢者无淨者世尊以是故般若

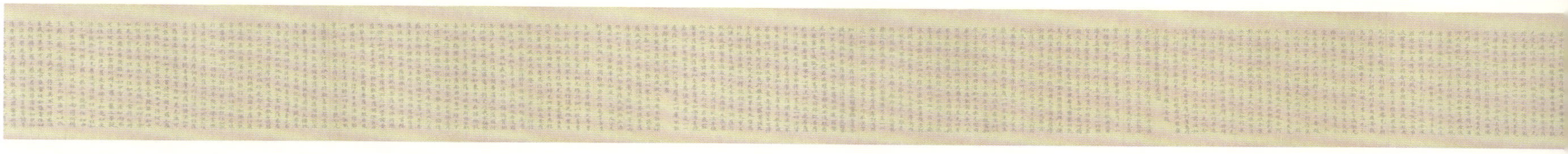

至阿耨多羅三藐三菩提亦畢竟離若法畢
竟離則不應脩不應壞行般若波羅蜜亦无
有法可得畢竟離故世尊若般若波羅蜜畢
竟離者云何因般若波羅蜜得阿耨多羅三
藐三菩提阿耨多羅三藐三菩提亦畢竟離
二離中云何能有所得佛告須菩提善哉善
哉是般若波羅蜜畢竟離禪波羅蜜毗梨耶
波羅蜜羼提波羅蜜尸羅波羅蜜檀波羅蜜
畢竟離乃至一切種智畢竟離須菩提若般若
波羅蜜畢竟離乃至一切種智畢竟離以是
故能得阿耨多羅三藐三菩提須菩提若般
若波羅蜜非畢竟離乃至一切種智非畢竟
離是不名般若波羅蜜不名禪波羅蜜乃至
一切種智須菩提若般若波羅蜜畢竟離乃

BD00669　摩訶般若波羅蜜經（四十卷本）卷二八

一切種智須菩提若般若波羅蜜畢竟離乃
至一切種智畢竟離以是故須菩提非不因
般若波羅蜜得阿耨多羅三藐三菩提亦不以
離得離而得阿耨多羅三藐三菩提非不因
般若波羅蜜須菩提白佛言世尊菩薩摩訶
薩所行義甚深佛言如是須菩提菩薩摩訶
薩所行義甚深須菩提諸菩薩摩訶薩能為
難事所謂行是深義而不證聲聞辟支佛地
須菩提白佛言世尊如我從佛聞義菩薩摩
訶薩所行不為難何以故是菩薩摩訶薩不
得是義可作證亦不得般若波羅蜜作證亦
无作證者世尊若一切法不可得何等是義
可作證何等是般若波羅蜜作證何等是作
證者作證已得阿耨多羅三藐三菩提世尊
是若菩薩摩訶薩[illegible]時行菩薩行是亦一

心不驚不沒不怖不畏是名為行般若波羅
蜜是菩薩摩訶薩行般若波羅蜜時不見我
行般若波羅蜜亦不見是般若波羅蜜亦不
見我當得阿耨多羅三藐三菩提何以菩薩
摩訶薩行般若波羅蜜時不作是念聲聞辟支
佛地去我遠薩婆若去我近世尊譬如虛空
不作是念有法去我遠去我近何以故世尊
虛空无分別故世尊行般若波羅蜜菩薩亦
不作是念聲聞辟支佛地去我遠薩婆若去
我近何以故般若波羅蜜中无分別故世尊
譬如幻人不作是念幻師去我近觀人去我
遠何以故幻人无分別故行般若波羅蜜菩
薩不作是念聲聞辟支佛地去我遠薩婆若
去我近世尊譬如鏡中像不作是念所因者
去我近餘者去我遠何以故像无分別故行

去我近餘者去我遠何以故像无分别故行
般若波羅蜜菩薩亦不住是念聲聞辟支佛
地去我遠薩婆若去我近何以故般若波羅
蜜中无分别故世尊行般若波羅蜜菩薩无
愛无憎何以故般若波羅蜜自性不可得故
世尊辟如佛无愛无憎行般若波羅蜜菩薩
无愛无憎亦如是何以故般若波羅蜜中无
憎无愛故世尊辟如佛一切分别想斷行般
若波羅蜜菩薩亦如是一切分别想斷畢竟
空故世尊辟如佛所化人不住是念聲聞辟
支佛去我遠阿耨多羅三藐三菩提去我近
何以故佛所化人无分别故行般若波羅蜜
菩薩亦如是不住是念聲聞辟支佛去我遠

所為故作作所作事无分别

羅蜜亦如是有所為事而脩是事成就而般
若波羅蜜亦无分别世尊譬如工匠若工匠
弟子有所為故作木人若男女為馬牛羊是
所作亦能有所作是亦无分别世尊般若波
羅蜜亦如是有所為故說是事成就而般若
波羅蜜亦无分别舍利弗問須菩提但般若
波羅蜜无分别禪波羅蜜乃至檀波羅蜜亦
无分别須菩提語舍利弗禪波羅蜜无分别
乃至檀波羅蜜亦无分别舍利弗問須菩提
色无分别乃至識亦无分别眼乃至意无分
别色乃至法无分别眼識觸乃至意識觸无
分别眼觸因緣生受乃至意觸因緣生受四
禪四无量心四无色定四念處乃至八聖道分

BD00669　摩訶般若波羅蜜經（四十卷本）卷二八

禪四无量心四无色定四念處乃至八聖道分
空无相无作佛十力四无所畏四无㝵智大
慈大悲十八不共法阿耨多羅三藐三菩提
无爲性亦无分别須菩提若色无分别乃至
无爲性无分别若一切法无分别云何分别
有六道生死是地獄是餓鬼是畜生是天是
人是阿脩羅云何分别是須陁洹斯陁含阿
那含阿羅漢辟支佛諸佛須菩提報舍利弗
衆生顛倒因緣故造作身口意業隨欲本業
報受六道身地獄餓鬼畜生天人阿脩羅身
汝言云何分别有須陁洹乃至佛道舍利弗
須陁洹卽是无分别故有須陁洹果亦是无
分别故有乃至阿羅漢阿羅漢果辟支佛辟

利弗當知一切法无有分別不壞相諸法如
法性實際故舍利弗如是菩薩摩訶薩應行
无分別般若波羅蜜行无分別般若波羅蜜
已便得无分別阿耨多羅三藐三菩提

摩訶般若波羅蜜經稱揚品第六十四

舍利弗語須菩提菩薩摩訶薩行般若波羅
蜜為行真實法為行无真實法須菩提報舍
利弗菩薩摩訶薩行般若波羅蜜為行无真
實法何以故是般若波羅蜜无真實乃至一
切種智无真實故菩薩摩訶薩行般若波羅
蜜无真實不可得何況真實乃至行一切種
智无真實法不可得何況真實佘時欲色界
諸天子住是念諸有善男子善女人發阿耨

BD00669　摩訶般若波羅蜜經（四十卷本）卷二八

諸天子住是念諸有善男子善女人發阿耨
多羅三藐三菩提意如深般若波羅蜜所說
義行於等法不住實際證不墮聲聞辟支佛
地應當為住禮須菩提語諸天子諸菩薩摩
訶薩於等法不證聲聞辟支佛地不為難諸
菩薩摩訶薩大莊嚴我當度无量无邊阿僧
祇衆生知衆生畢竟不可得而度衆生是乃
為難諸天子諸菩薩摩訶薩發阿耨多羅三
藐三菩提心住是願我當度一切衆生衆生
實不可得是人欲度衆生為欲度虚空何以
故虚空離故當知衆生亦離虚空空故當知
衆生亦空虚空无堅固當知衆生亦无堅固
虚空虚誑故當知衆生亦虚誑諸天子以是
因緣故當知菩薩所住為難為利益无所有

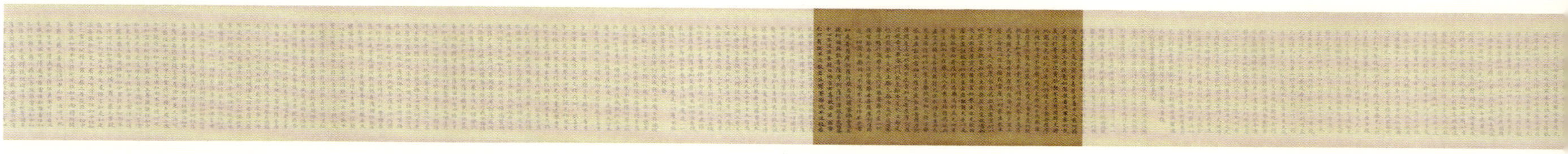

衆生故而大莊嚴是人欲[illegible]
虚空共鬪是菩薩結誓已亦不得衆生而為
衆生結誓何以故衆生離故當知大誓亦離
衆生虚誑故當知大誓亦虚誑若菩薩摩訶
薩聞是法心不驚不沒當知是菩薩摩訶薩
行般若波羅蜜何以故色離即是衆生離受
想行識離即是衆生離色離即是六波羅蜜
離受想行識離即是六波羅蜜離乃至一切
種智離即是六波羅蜜離若菩薩摩訶薩聞
是一切諸法離相心不驚不沒不怖不畏當
知是菩薩摩訶薩行般若波羅蜜佛告須菩
提何因緣故菩薩摩訶薩於深般若波羅蜜
中心不沒須菩提白佛言世尊般若波羅蜜
无所有故不沒般若波羅蜜離故不沒般若

BD00669　摩訶般若波羅蜜經（四十卷本）卷二八

中心不沒須菩提[illegible]
无所有故不沒般若波羅蜜離故不沒般若
波羅蜜寂滅故不沒世尊以是因緣故菩薩
於深般若波羅蜜中心不沒何以故是菩薩
不得沒者不得沒事不得沒處是一切法皆
不可得故世尊若菩薩摩訶薩聞是法心不
驚不沒不怖不畏當知是菩薩為行般若波
羅蜜何以故沒者沒事沒處是法皆不可得
故菩薩摩訶薩如是行般若波羅蜜諸天
子及釋提桓因天梵天王天及世界主天皆為
作礼佛告須菩提不但釋提桓因諸天梵王
及諸天世界主及諸天礼是菩薩摩訶薩行
般若波羅蜜者過是上光音天遍淨天廣果
天淨居天皆為是菩薩摩訶薩作礼須菩提
[illegible]

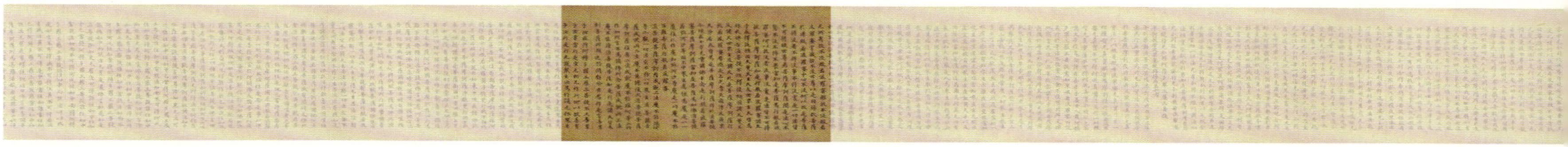

蜜菩薩摩訶薩當知是菩薩如[illegible]

若恒河沙等國土中衆生悉使為魔是一一

魔復化作魔如恒河沙等魔是一切魔不能

留難菩薩行般若波羅蜜

須菩提菩薩摩訶薩成就二法魔不能壞何

等二觀一切法空不捨一切衆生須菩提菩

薩成就此二法魔不能壞復次須菩提菩薩

摩訶薩復有二法成就魔不能壞何等二所

作如所言亦為諸佛所念菩薩成就此二法

魔不能壞須菩提菩薩如是行是諸天皆來

到菩薩所親近諮問勸喻安慰作是言善男

子汝疾得阿耨多羅三藐三菩提不久善男

子汝常當行是空无相无作行何以故善男

子汝行是行无護衆生汝為作護无依衆生

BD00669　摩訶般若波羅蜜經（四十卷本）卷二八

子汝行是行无護衆生汝爲作護无依衆生
爲作依无救衆生爲作救无究竟道衆生爲
作究竟道无歸衆生爲作歸无洲衆生爲作
洲冥者爲作明盲者爲作眼何以故是菩薩
摩訶薩行般若波羅蜜十方現在无量阿僧
秖諸佛在大衆中說法時自讚嘆稱揚是菩
薩摩訶薩名姓言某甲菩薩成就般若波羅
蜜功德須菩提如我今說法時自稱揚寶相
菩薩尸棄菩薩復有諸菩薩摩訶薩在阿
閦佛國中行般若波羅蜜淨脩梵行我亦稱揚
是菩薩名姓須菩提亦如東方現在諸佛說
法時是中有菩薩摩訶薩淨脩梵行佛亦歎
喜自稱揚讃嘆是菩薩南西北方四維上下

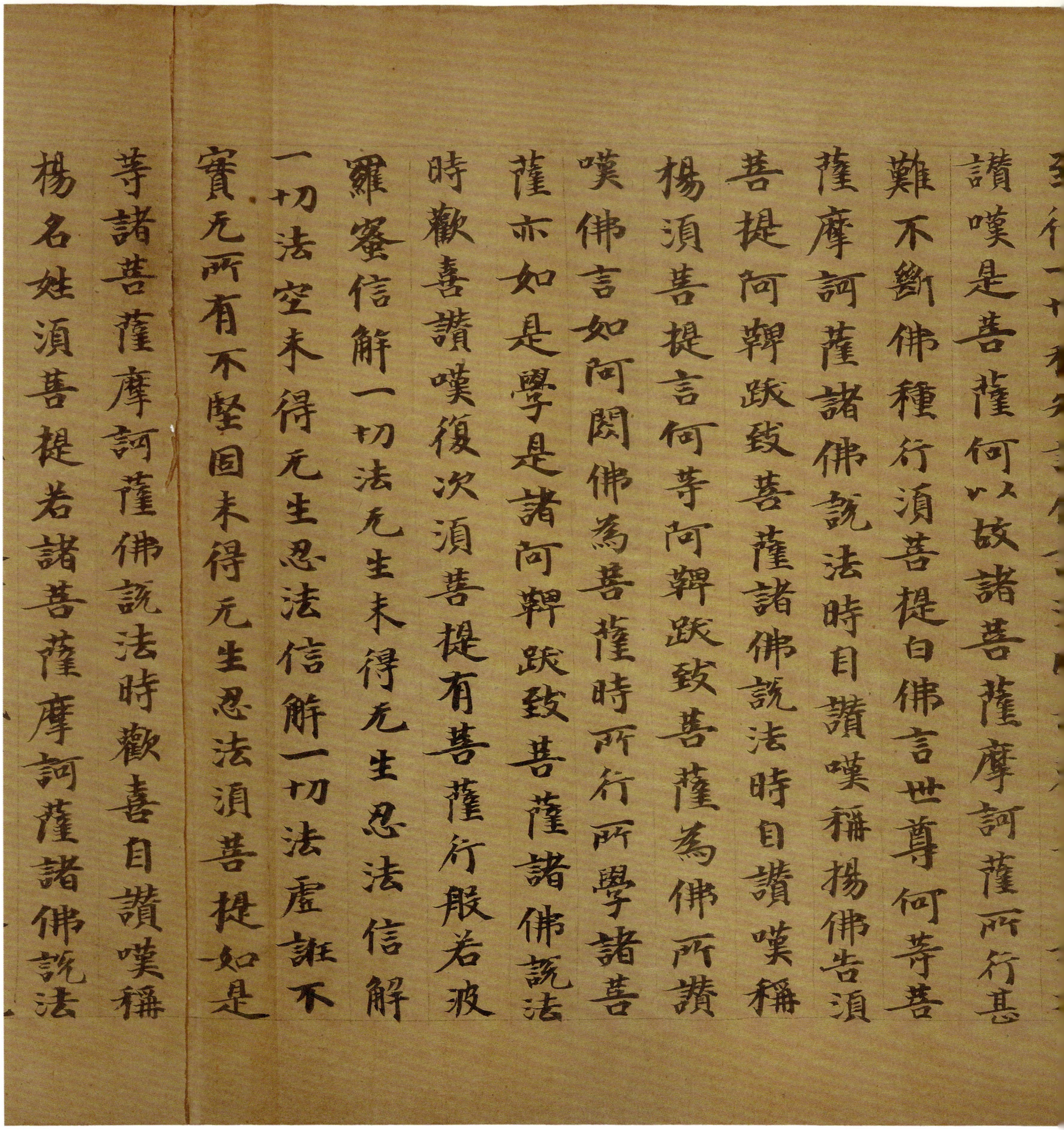

讚嘆是菩薩何以故諸菩薩摩訶薩所行甚
難不斷佛種行須菩提白佛言世尊何等菩
薩摩訶薩諸佛說法時自讚嘆稱揚佛告須
菩提阿鞞跋致菩薩諸佛說法時自讚嘆稱
揚須菩提言何等阿鞞跋致菩薩為佛所讚
嘆佛言如阿閦佛為菩薩時所行所學諸菩
薩亦如是學是諸阿鞞跋致菩薩諸佛說法
時歡喜讚嘆復次須菩提有菩薩行般若波
羅蜜信解一切法无生未得无生忍法信解
一切法空未得无生忍法信解一切法虛誑不
實无所有不堅固未得无生忍法須菩提如是
等諸菩薩摩訶薩佛說法時歡喜自讚嘆稱
揚名姓須菩提若諸菩薩摩訶薩諸佛說法

BD00669　摩訶般若波羅蜜經（四十卷本）卷二八

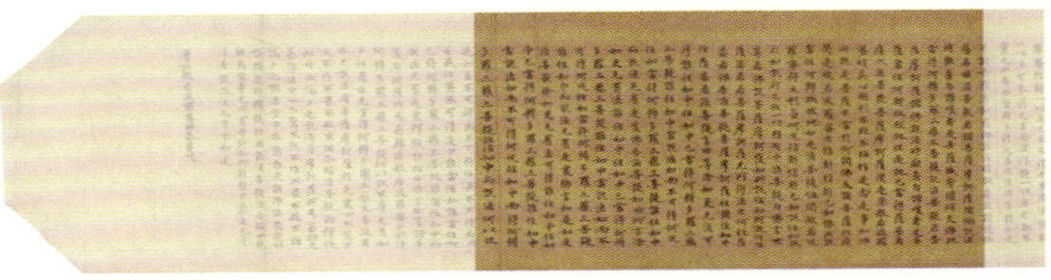

揚名姓須菩提若諸菩薩摩訶薩諸佛說法
時歡喜自讚嘆者是菩薩滅聲聞辟支佛地
當得阿耨多羅三藐三菩提記須菩提若菩
薩摩訶薩諸佛說法時歡喜自讚嘆者是菩
薩當住阿鞞跋致地住是地已當得薩婆若
復次須菩提菩薩摩訶薩聞是深般若波羅
蜜時其心明利不疑不悔作是念是事如佛
所說是菩薩亦當於阿閦佛及諸菩薩所廣
聞是般若波羅蜜亦信解信解已如佛所說
當住阿鞞跋致地如是須菩提但聞般若波
羅蜜得大利益何況信解信解已如說住如說
行如說行已住一切種智中須菩提白佛言世
尊若佛說菩薩摩訶薩如所說住如所說行住

任薩婆若須菩提言世尊除如更无法可
得誰任如中任如中已當得阿耨多羅三藐
三菩提誰任如中當說法如尚不可得何況
任如當得阿耨多羅三藐三菩提誰任如中
而說法无有是處佛告須菩提如汝所言除
如更无有法誰任如中任如中已當得阿耨
多羅三藐三菩提誰任如中當說法如尚不
可得何況任如當得阿耨多羅三藐三菩提
誰任如中而說法无有是處佛言如是如是
須菩提除如更无有法可得誰任如中任如
中已當得阿耨多羅三藐三菩提誰任如中
當說法如尚不可得何況任如中尚得阿耨
多羅三藐三菩提誰任如中而說法何以故

多羅三藐三菩提誰住如中而說法何以故
是如生不可得滅不可得住異不可得若法
生滅住異不可得是中誰當住如誰當住如
已得阿耨多羅三藐三菩提誰當住如中而
說法无有是處釋提桓因白佛言世尊諸菩
薩摩訶薩所為甚難深般若波羅蜜中欲得
阿耨多羅三藐三菩提何以故世尊无有如
中住者亦无當得阿耨多羅三藐三菩提者
亦无說法者菩薩摩訶薩於是處心不驚不
沒不怖不畏不疑不悔尒時須菩提語釋提
桓因汝憍尸迦說菩薩摩訶薩所為甚難是
甚深法中心不驚不沒不怖不畏不疑不悔
憍尸迦諸法空中誰驚誰沒誰怖誰畏誰疑

[illegible]

須菩提說法无㝵亦如是

摩訶般若波羅蜜經卷第廿八

BD00670

藥師琉璃光如來本願功德經

（唐）玄奘 譯

516cm × 27.3cm

尒時曼殊室利法王子承佛威神從座而起
偏袒一肩右膝著地向薄伽梵曲躬合掌白
言世尊唯願演說如是相類諸佛名号及本
大願殊勝功德令諸聞者業鄣銷除為欲
利樂像法轉時諸有情故
尒時世尊讚曼殊室利童子言善哉善哉
殊室利汝以大悲勸請我說諸佛名号
功德為拔業鄣所纏有情利益安樂像法轉
時諸有情故汝今諦聽極善思惟當為汝說
曼殊室利言唯然願說我等樂聞
佛告曼殊室利東方去此過十殑伽沙等佛
土有世界名淨瑠璃佛号藥師瑠璃光如來
應正等覺明行圓滿善逝世間解

藥師瑠璃光如來行菩薩道時發十二大願
令諸有情所求皆得
第一大願願我來世得阿耨多羅三藐三菩
提時自身光明熾然照曜无量无數无邊世
界以三十二大丈夫相八十隨形好莊嚴其
身令一切有情如我无異
第二大願願我來世得菩提時身如瑠璃
内外明徹淨无瑕穢光明廣大功德巍巍身
善安住焰網莊嚴過於日月幽冥衆生悉蒙
開曉隨意所趣作諸事業
第三大願願我來世得菩提時以无量无邊
智慧方便令諸有情皆得无盡所受用物莫
令衆生有所乏少

智慧方便令諸有情皆得无盡所受用物莫
令衆生有所乏少
第四大願願我來世得菩提時若諸有情行
耶道者悉令安住菩提道中若行聲聞獨
覺乘者皆以大乘而安立之
第五大願願我世得菩提時若有无量无
邊有情於我法中脩行梵行一切皆令得不
缺戒具三聚戒設有毀犯聞我名已還得
清淨不墮惡趣
第六大願願我來世得菩提時若諸有情
其身下劣諸根不具醜陋頑愚盲聾瘖瘂
攣躄背僂白癩癲狂種病苦聞我名已一切
皆得端政黠慧諸根完具无諸疾苦
第七大願願我來世得菩提時若諸有情衆
病逼切无救无歸

樂家屬資具悉皆豊足乃至證得无上菩提
苐八大願願我來世得菩提時若有女人為
女百惡之所逼惱極生厭離願捨女身聞我
名已一切皆得轉女成男具丈夫相乃至證
得无上菩提
苐九大願願我來世得菩提時令諸有情出
魔羂網解脫一切外道纏縛若墮種種惡見
稠林皆當引攝置於正見漸令脩習諸菩薩
行速證无上正等菩提
苐十大願願我來世得菩提時若諸有情王
法所縲縛錄鞭撻繫閉牢獄或當刑戮及餘
无量災難陵辱悲愁煎迫身心受苦若聞我
名以我福德威神力故皆得解脫一切憂苦
苐十一大願願我來世得菩提時若諸有情

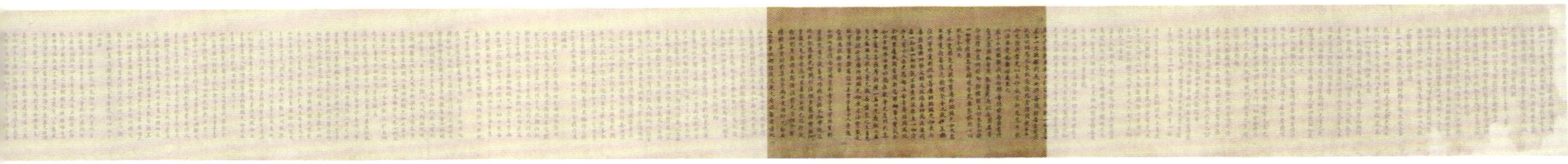

名以我福德威神力故皆得解脫一切憂苦
第十一大願願我來世得菩提時若諸有情
飢渴所惱為求食故造諸惡業得聞我名專
念受持我當先以上妙飲食飽足其身後
以法畢竟安樂而建立之
第十二大願願我來世得菩提時若諸有情
貧无衣服蚊䖟寒熱晝夜逼惱若聞名專
念受持如其所好即得種種上妙衣服亦得
一切寶莊嚴具華鬘塗香鼓樂衆伎隨心所
翫皆令滿足
曼殊室利是為彼世尊藥師瑠璃光如來應
正等覺行菩薩道時所發十二微妙上願
復次曼殊室利彼世尊藥師瑠璃光如來行
菩薩道時所發大願及彼佛土功德莊嚴我
若一劫若一劫餘說不能盡然彼佛土一向清

淨无有女人亦无惡趣及苦音聲瑠璃為地
金繩界道城闕宮閣軒窓羅網皆七寶成亦
如西方極樂世界功德莊嚴等无差別於其
國中有二菩薩摩訶薩一名日光遍照二名
月光遍照是彼无量无數菩薩衆之上首悉
能持彼世尊藥師瑠璃光如來正法寶藏是
故曼殊室利諸有信心善男子善女人等應
當願生彼佛世界
尒時世尊復告曼殊室利童子言曼殊室利
有諸衆生不識善惡唯懷貪悋不知布施及
施果報愚癡无智闕於信根多聚財寶勤加
守護見乞者來其心不喜設不獲已而行施
時如割身宍深生痛惜復有无量慳貪有
情積集資財於其自身尚不受用何況能與
父母妻子奴婢作使及來乞者彼諸有情從

BD00670　藥師琉璃光如來本願功德經

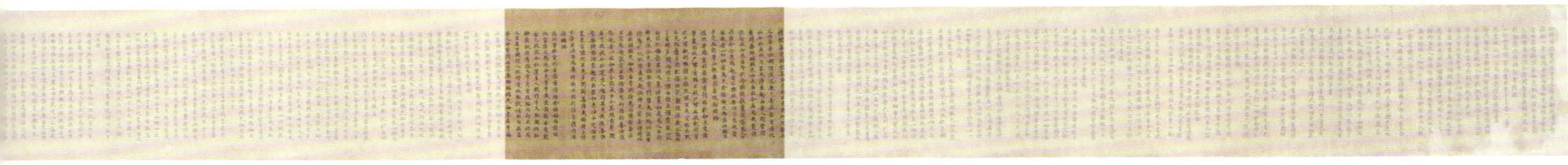

情積集資財於其自身尚不受用何況能與
父母妻子奴婢作使及來乞者彼諸有情從
此命終生餓鬼界或傍生趣由昔人間曾得
蹔聞藥師瑠璃光如來名故今在惡趣蹔得
憶念彼如來名即於念時從彼處沒還生人中
得宿命念畏惡趣苦不樂欲樂好行惠施讚
歎施者一切所有悉无貪惜漸次尚能以頭目
手足血肉身分施來求者況餘財物
復次曼殊室利若諸有情雖於如來受諸
學處而破尸羅有雖不破尸羅而破軌則有
於尸羅軌則雖得不壞然毀正見有雖不毀
正見而棄多聞於佛所說契經深義不能解
了有雖多聞而增上慢由增上慢覆蔽心故
自非他嫌謗正法為魔伴黨如是愚人自行

藥師瑠璃光如來名号便捨惡行脩諸善法
不墮惡趣設有不能捨諸惡行脩行善法墮
惡趣者以彼如來本願威力令其現前蹔聞
名号從彼命終還生人趣得正見精進善調
意樂便能捨家趣於非家如來法中受持學
處无有毀犯正見多聞解甚深義離增上慢
不謗正法不為魔伴漸次脩行諸菩薩行速
得圓滿
復次曼殊室利若諸有情慳貪嫉妬自讚毀
他當墮三惡趣中无量千歲受諸劇苦受劇
苦已從彼命終還生人間作牛馬駝驢恒被
鞭撻飢渴逼惱又常負重隨路而行或得為
人生居下賤作人奴婢受他駈使恒不自在若
昔人中曾聞世尊藥師瑠璃光如來名号由

人生居下賤作人奴婢受他驅役恒不自在
昔人中曾聞世尊藥師瑠璃光如來名号由
此善因今復憶念至心歸依以佛神力衆苦
觧脫諸根聦利智慧多聞恒求勝法常遇
善友永斷魔羂破无明鷇竭煩惱河觧脫
一切生老病死憂悲苦惱
復次曼殊室利若諸有情好喜乖離更相
鬪訟惱亂自他以身語意造作增長種種惡
業展轉常為不饒益事互相謀害告山林樹
塜等神殺諸衆生取其血肉祭祀藥叉羅刹
婆等書怨人名作其形像以惡呪術而呪咀
之厭媚蠱道呪起屍鬼令斷彼命及壞其身
是諸有情若得聞此藥師琉璃光如來名号
彼諸惡事悉不能害一切展轉皆起慈心利益

復次曼殊室利若有四衆苾芻苾芻尼鄔波
索迦鄔波斯迦及餘淨信善男子善女人等
有能受持八分齋戒或經一年或復三月受持
學處以此善根願生西方極樂世界无量壽
壽佛所聽聞正法而未定者若聞世尊藥師
瑠璃光如來名号臨命終時有八菩薩乘神
通來示其道路即於彼界種種雜色衆寶
華中自然化生或有因此生於天上雖生天中
而本善根亦未窮盡不復更生諸餘惡趣天
上壽盡還生人間或為輪王統攝四洲威德
自在安立无量百千有情於十善道或生刹
帝利婆羅門居士大家（姓）多饒財寶倉庫盈溢
形相端嚴眷属具足聰明智慧勇健威猛如大
力士若是女人得聞世尊藥師瑠璃光如來名

BD00670　藥師琉璃光如來本願功德經

形相端嚴眷屬具足聰明智慧勇健威猛如大
力士若是女人得聞世尊藥師瑠璃光如來名
号至心受持於後不復更受女身
尒時曼殊室利童子白佛言世尊我當誓於
像法轉時以種種方便令諸淨信善男子善
女人等得聞世尊藥師瑠璃光如來名号乃
至睡中亦以佛名覺悟其耳世尊若於此經受
持讀誦或復為他演說開示若自書若使人
書恭敬尊重以種種華香塗香粖香燒香花
鬘瓔珞幡蓋伎樂而為供養以五色綵作囊盛
之掃灑淨處敷設高座而用安處尒時四大
天王與其眷屬及餘无量百千天眾皆詣其
所供養守護世尊若此經寶流行之處有能受
持以彼世尊藥師瑠璃光如來本願功德及

心安樂
佛告曼殊室利如是如是如汝所說曼殊室
利若有淨信善男子善女人等欲供養彼世
尊藥師瑠璃光如來者應先造立彼佛形像
敷清淨座而安處之散種種花燒種種香以
種種幢幡莊嚴其處七日七夜受八分齋戒
食清淨食澡浴香潔著新淨衣應生无垢濁
心无怒害心於一切有情起利益安樂慈悲
喜捨平等之心鼓樂歌讚右遶佛像復應
念彼如來本願功德讀誦此經思惟其義演
說開示隨所樂願一切皆遂求長壽得長壽
求富饒得富饒求官位得官位求男女得男
女若復有人忽得惡夢見諸惡相或恠鳥來
集或於住處百恠出現此人若以衆妙資具

BD00670　藥師琉璃光如來本願功德經

女若復有人忽得惡夢見諸惡相或恠鳥来
集或於住處百恠出現此人若以衆妙資具
恭敬供養彼世尊藥師瑠璃光如来者惡夢
惡想諸不吉祥皆悉隱沒不能為患或有水
火刀毒懸嶮惡象師子虎狼熊羆毒蛇惡蝎
蜈蚣蚰蜒蚊蝱等怖若能至心憶念彼佛恭
敬供養一切怖畏皆得解脫若他國侵擾盜
賊反亂憶念恭敬彼如来者亦皆解脫
復次曼殊室利若有淨信善男子善女人等
乃至盡形不事餘天唯當一心歸佛法僧受
持禁戒若五戒十戒菩薩四百戒苾芻二百
五十戒苾芻尼五百戒於所受中或有毀犯
怖墮惡趣若能專念彼佛名号恭敬供養
者必定不受三惡趣生或有女人臨當產時

端正見者歡喜利根聰明安隱少病无有非
人奪其精氣
尒時世尊告阿難言如我稱揚彼佛世尊
藥師瑠璃光如來所有功德此是諸佛甚深
行處難可解了汝為信不阿難白言大德世
尊我於如來所說契經不生疑惑所以者何一
切如來身語意業无不清淨世尊此日月輪可
令墮落妙高山王可使傾動諸佛所言无有
異也世尊有諸眾生信根不具聞說諸佛甚
深行處作是思惟云何但念藥師琉璃光如
來一佛名號便獲尒所功德勝利由此不信
返生誹謗彼於長夜失大利樂墮諸惡趣流
轉无窮佛告阿難是諸有情若聞世尊藥
師琉璃光如來名號至心受持不生疑惑墮惡

BD00670　藥師琉璃光如來本願功德經

轉无窮佛告阿難是諸有情若聞世尊藥
師琉璃光如來名号至心受持不生疑惑墮惡
趣者无有是處阿難此是諸佛甚深所行難
可信解汝今能受當知皆是如來威力阿難
一切聲聞獨覺及未登地諸菩薩等皆悉不
能如實信解唯除一生所繫菩薩阿難人身
難得於三寶中信敬尊重亦難可得聞世
尊藥師瑠璃光如來名号復難於是阿難彼
藥師瑠璃光如來无量菩薩行无量巧方便
无量廣大願我若一劫若一劫餘而廣說者
劫可速盡彼佛行願善巧方便无有盡也尒
時衆中有一菩薩摩訶薩名曰救脫即從座
起偏袒一肩右膝著地曲躬合掌而白佛言
大德世尊像法轉時有諸衆生爲種種患之

逺然彼自身卧在本處見琰魔使引其神識
至于琰魔法王之前然諸有情有俱生神隨
其所作若罪若福皆具書之盡持授與琰魔
法王尒時彼王推問其人筭計所作隨其罪
福而處斷之時彼病人親屬知識若能為彼歸
依世尊藥師瑠璃光如來請諸衆僧轉讀
此經然七層之燈懸五色續命神幡或有是
處神識得還如在夢中明了自見或經七日
或二十一日或三十五日或四十九日彼識還時
如從夢覺皆自憶知善不善業所得果報
由自證見業果報故乃至命難亦不造作
諸惡之業是故淨信善男子善女人等皆應
受持藥師瑠璃光如來名号隨力所能恭敬
供養

BD00670　藥師琉璃光如來本願功德經

受持藥師瑠璃光如來名号隨力所能恭敬
供養
尒時阿難問救脫菩薩曰善男子應云何恭
敬供養彼世尊藥師瑠璃光如來續命幡燈
復云何造救脫菩薩言大德若有病人欲脫
病苦當為其人七日七夜受持八分齋戒應以
飲食及餘資具隨力所辦供養苾芻僧晝
夜六時礼拜供養彼世尊藥師瑠璃光如來
讀誦此經四十九遍然四十九燈造彼如來
形像七軀一一像前各置七燈一一燈量大如
車輪乃至四十九日光明不絕造五色綵幡長
四十九搩手應放雜類衆生至四十九可得過
度危厄之難不為諸橫惡鬼所持復次阿難
若剎帝利灌頂王等災難起時所謂人衆

難彼剎帝利灌頂王等尒時應於一切有情
起慈悲心赦諸繫閉依前所說供養之法
供養彼世尊藥師瑠璃光如來由此善根及
彼如來本願力故令其國界即安隱風雨順時
穀稼成熟一切有情无病歡樂於其國中
无有暴惡藥叉等神惱有情者一切惡相皆
即隱沒而剎帝利灌頂王等壽命色力无病
自在皆得增益阿難若帝后妃主儲君王
子大臣輔相中宮綵女百官黎庶為病所苦
及餘厄難亦應造立五色神旛然燈續明放
諸生命散雜色華燒衆名香病得除愈衆
難解脫
尒時阿難問救脫菩薩言善男子云何已盡
之命而可增益救脫菩薩言大德汝豈不聞

尒時阿難問救脫菩薩言善男子云何已盡
之命而可增益救脫菩薩言大德汝豈不聞
如來說有九橫死邪是故勸造續命幡燈脩
諸福德以脩福故盡其壽命不經苦患阿難
問言九橫云何救脫菩薩言若諸有情得
病雖輕然无醫藥及看病者設得遇醫授以
非藥實不應死而便橫死又信世間邪魔外
道妖蘗之師妄說禍福便生恐動心不自正卜
問覓禍殺種種衆生解奏神明呼諸魍魎請
乞福祐欲冀延年終不能得愚癡迷惑信邪
倒見遂令橫死入於地獄无有出期是名初
橫二者橫被王法之所誅戮三者畋獵嬉戲
耽婬嗜酒放逸无度橫為非人奪其精氣
四者橫為火焚五者橫為水溺六者橫為種
種惡獸所噉七者橫墮[illegible]

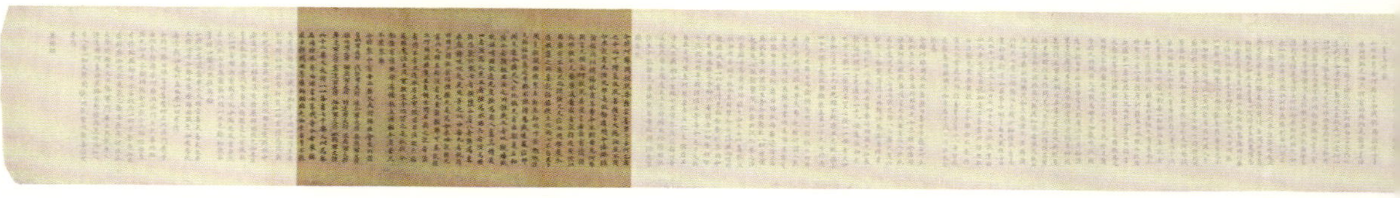

所困不得飲食而便横死是為如來略説横死
有此九種其餘復有无量諸横難可具説復
次阿難彼琰魔王主領世間名籍之記若諸
有情不孝五逆破辱三寶壊君臣法毁於信
戒琰魔法王隨罪輕重考而罰之是故我今
勸諸有情然燈造幡放生脩福令度苦厄
不遭衆難
尒時衆中有十二藥叉大将俱在會坐所謂
宮毗羅大将　伐折羅大将　迷企羅大将　安底羅大将
頞你羅大将　珊底羅大将　因達羅大将　波夷羅大将
摩虎羅大将　真達羅大将　招杜羅大将　毗羯羅大将
此十二藥叉大将一一各有七千藥叉以為眷
属同時舉聲白佛言世尊我等今者蒙佛
威力得聞世尊藥師瑠璃光如來名号不復

屬同時舉聲白佛言世尊我等今者蒙佛
威力得聞世尊藥師瑠璃光如來名号不復
更有惡趣之怖我等相率皆同一心乃至盡
形歸佛法僧誓當荷負一切有情為作義
利饒益安樂隨於何等村城國邑空閑林中
若有流布此經或復受持藥師瑠璃光如來名
号恭敬供養者我等眷屬衛護是人皆使解
脫一切苦難諸有願求悉令滿足或有疾厄
求度脫者亦應讀誦此經以五色縷結我名
字得如願已然後解結
尒時世尊讚諸藥叉大將言善哉善哉大藥
叉將汝等念報世尊藥師瑠璃光如來恩德
者常應如是利益安樂一切有情
尒時阿難白佛言世尊當何名此法門我等

有情結願神呪亦名拔除一切業鄣應如是
持時薄伽梵説是説已諸菩薩摩訶薩及
大聲聞國王大臣婆羅門居士天龍藥叉
健達縛阿素洛揭路荼緊捺洛莫呼洛伽人
非人等一切大衆聞佛所説皆大歡喜信受
奉行

藥師經

BD00670　藥師琉璃光如來本願功德經

BD00671 大般若波羅蜜多經卷三四四

（唐）玄奘 譯

304.7cm × 26cm

空法住實際虛空界不思議界離四无量四
无色定離故真如乃至不思議界離諸天子
四靜慮離故苦集滅道聖諦離四无量四无
色定離故苦集滅道聖諦離諸天子四靜慮
離故八解脫八勝處九次第定十遍處離四
无量四无色定離故八解脫八勝處九次第
定十遍處離諸天子四靜慮離故四念住四
正斷四神足五根五力七等覺支八聖道支
離四无量四无色定離故四念住乃至八聖
道支離諸天子四靜慮離故空无相无願解
脫門離四无量四无色定離故空无相无願
解脫門離諸天子四靜慮離故極喜地離垢
地發光地焰慧地極難勝地現前地遠行地

離故[illegible]
離故五眼六神通離四无量四无色定離故五
眼六神通離諸天子四靜慮離故佛十力四
无所畏四无礙解大慈大悲大喜大捨十八佛
不共法離四无量四无色定離故佛十力
乃至十八佛不共法離諸天子四靜慮離
故无忘失法恒住捨性離四无量四无色定
離故无忘失法恒住捨性離諸天子四靜慮
離故一切智道相智一切相智離四无量四
无色定離故一切智道相智一切相智離諸
天子四靜慮離故一切陁羅尼門三摩地門
離四无量四无色定離故一切陁羅尼門三
摩地門離諸天子四靜慮離故預流一來不
還阿羅漢果離四无量四无色定離故預流
一來不還阿羅漢果離諸天子四靜慮離故

還阿羅漢果離四无量四无色定離故預流
一來不還阿羅漢果離諸天子四靜慮離故
獨覺菩提離四无量四无色定離故獨覺菩
提離諸天子四靜慮離故一切菩薩摩訶薩
行離四无量四无色定離故一切菩薩摩訶
薩行離諸天子四靜慮離故諸佛无上正等
菩提離四无量四无色定離故諸佛无上正等
菩提離諸天子四靜慮離故一切智智離
四无量四无色定離故一切智智離
復次諸天子八解脫離故布施淨戒安忍精
進靜慮般若波羅蜜多離八勝處九次第定
十遍處離故布施淨戒安忍精進靜慮般若
波羅蜜多離諸天子八解脫離故內空外空
內外空空空大空勝義空有為空无為空畢
竟空无際空散空无變異空本性空自相空

故內空乃至无性自性空離諸天子八解脫
離故真如法界法性不虛妄性不變異性平
等性離生性法定法住實際虛空界不思議
界離八勝處九次第定十遍處離故真如乃
至不思議界離諸天子八解脫離故苦集滅
道聖諦離八勝處九次第定十遍處離故苦
集滅道聖諦離諸天子八解脫離故四靜慮
四无量四无色定離八勝處九次第定十遍
處離故四靜慮四无量四无色定離諸天子
八解脫離故四念住四正斷四神足五根五力
七等覺支八聖道支離八勝處九次第定十
遍處離故四念住乃至八聖道支離諸天
子八解脫離故空无相无願解脫門離八勝
處九次第定十遍處離故空无相无願解脫

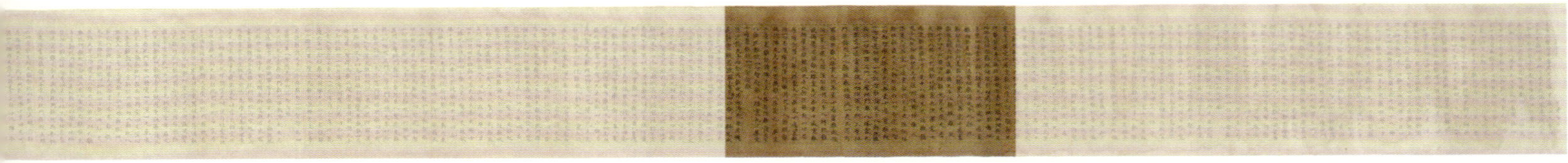

至八解脫離故空无相无願解脫門離八勝
處九次第定十遍處離故空无相无願解脫
門離諸天子八解脫離故極喜地離垢地發光
地焰慧地極難勝地現前地遠行地不動地
善慧地法雲地離八勝處九次第定十遍處
離故極喜地乃至法雲地離諸天子八解脫
離故五眼六神通離八勝處九次第定十遍處
離故五眼六神通離諸天子八解脫離故
佛十力四无所畏四无礙解大慈大悲大喜
大捨十八佛不共法離八勝處九次第定十
遍處離故佛十力乃至十八佛不共法離諸
天子八脫解離故无忘失法恒住捨性離八
勝處九次第定十遍處離故无忘失法恒住
捨性離諸天子八解脫離故一切智道相智
一切相智離八勝處九次第定十遍處離故

次苐空十遍處離故一切陁羅尼門三摩地
門離諸天子八解脫離故預流一來不還阿
羅漢果離八勝處九次苐空十遍處離故預
流一來不還阿羅漢果離諸天子八解脫離
故獨覺菩提離八勝處九次苐空十遍處離
故獨覺菩提離諸天子八解脫離故一切菩
薩摩訶薩行離八勝處九次苐空十遍處離
故一切菩薩摩訶薩行離諸天子八解脫離
故諸佛无上正等菩提離八勝處九次苐空
十遍處離故諸佛无上正等菩提離諸天子
八解脫離故一切智智離八勝處九次苐空
十遍處離故一切智智離
復次諸天子四念住離故布施淨戒安忍精
進靜慮般若波羅蜜多離四正斷四神足五

復次諸天子四念住離故布施淨戒安忍精
進靜慮般若波羅蜜多離四正斷四神足五
根五力七等覺支八聖道支離故布施淨戒
安忍精進靜慮般若波羅蜜多離諸天子四
念住離故內空外空內外空空空大空勝義
空有為空无為空畢竟空无際空散空无變
異空本性空自相空共相空一切法空不可
得空无性空自性空无性自性空離四正斷
乃至八聖道支離故內空乃至无性自性空
離諸天子四念住離故真如法界法性不虛
妄性不變異性平等性離生性法定法住實
際虛空界不思議界離四正斷乃至八聖道
支離故真如乃至不思議界離諸天子四念
住離故苦集滅道聖諦離四正斷乃至八聖
道支離故苦集滅道聖諦離諸天子四念住

離諸天子四念住離故八解脫八勝處九次
第定十遍處離四正斷乃至八聖道支離故
八解脫八勝處九次第定十遍處離諸天子
四念住離故空无相无願解脫門離四正斷
乃至八聖道支離故空无相无願解脫門離
諸天子四念住離故極喜地離垢地發光地焰
慧地極難勝地現前地遠行地不動地善
慧地法雲地離四正斷乃至八聖道支離故
極喜地乃至法雲地離諸天子四念住離故
五眼六神通離四正斷乃至八聖道支離故
五眼六神通離諸天子四念住離故佛十力
四无所畏四无礙解大慈大悲大喜大捨十
八佛不共法離四正斷乃至八聖道支離故
佛十力乃至十八佛不共法離諸天子四念

佛十力乃至十八佛不共法離諸天子四念
住離故无忘失法恒住捨性離四正斷乃至
八聖道支離故无忘失法恒住捨性離諸天
子四念住離故一切智道相智一切相智離
四正斷乃至八聖道支離故一切智道相智
一切相智離諸天子四念住離故一切陁羅
尼門三摩地門離四正斷乃至八聖道支離
故一切陁羅尼門三摩地門離諸天子四念
住離故預流一來不還阿羅漢果離四正斷
乃至八聖道支離故預流一來不還阿羅漢
果離諸天子四念住離故獨覺菩提離四正
斷乃至八聖道支離故獨覺菩提離諸天子
四念住離故一切菩薩摩訶薩行離四正斷
乃至八聖道支離故一切菩薩摩訶薩行離

菩提離諸天子四念住離故一切智智離四
正斷乃至八聖道支離故一切智智離
復次諸天子空解脫門離故布施淨戒安忍
精進靜慮般若波羅蜜多離无相无願解脫
門離故布施淨戒安忍精進靜慮般若波羅
蜜多離諸天子空解脫門離故內空外空內
外空空空大空勝義空有為空无為空畢竟
空无際空散空无變異空本性空自相空共
相空一切法空不可得空无性空自性空无性
自性空離无相无願解脫門離故內空乃
至无性自性空離諸天子空解脫門離故真
如法界法性不虛妄性不變異性平等性離
生性法定法住實際虛空界不思議界離无
相无願解脫門離故真如乃至不思議界離

相无願解脫門離故真如乃至不思議界離
諸天子空解脫門離故苦集滅道聖諦離无
相无願解脫門離故苦集滅道聖諦離諸天
子空解脫門離故四靜慮四无量四无色定
離无相无願解脫門離故四靜慮四无量四
无色定離諸天子空解脫門離故八解脫八
勝處九次第定十遍處離无相无願解脫門
離故八解脫八勝處九次第定十遍處離諸
天子空解脫門離故四念住四正斷四神足
五根五力七等覺支八聖道支離无相无願
解脫門離故四念住乃至八聖道支離諸天
子空解脫門離故極喜地離垢地發光地焰
慧地極難勝地現前地遠行地不動地善慧
地法雲地離无相无願解脫門離故極喜地

六神通離无相无願解脫門離故五眼六神
通離諸天子空解脫門離故佛十力四无所
畏四无礙解大慈大悲大喜大捨十八佛不
共法離无相无願解脫門離故佛十力乃至
十八佛不共法離諸天子空解脫門離故无
忘失法恒住捨性離无相无願解脫門離故
无忘失法恒住捨性離諸天子空解脫門離
故一切智道相智一切相智離无相无願解
脫門離故一切智道相智一切相智離諸天子
空解脫門離故一切陁羅尼門三摩地門
離无相无願解脫門離故一切陁羅尼門三
摩地門離諸天子空解脫門離故預流一来
不還阿羅漢果離无相无願解脫門離故預
流一来不還阿羅漢果離諸天子空解脫門
離故獨覺菩提離无相无願解脫門離故獨

離故獨覺菩提離无相无願解脫門離故獨
覺菩提離諸天子空解脫門離故一切菩薩
摩訶薩行離无相无願解脫門離故一切菩
薩摩訶薩行離諸天子空解脫門離故諸佛
无上正等菩提離无相无願解脫門離故諸
佛无上正等菩提離諸天子空解脫門離故
一切智智離无相无願解脫門離故一切智
智離

大般若波羅蜜多經卷第三百卌四

BD00672 四分律比丘戒本

（後秦）佛陀耶舍 譯

（唐）懷素 集

143cm × 27.8cm

不得反抄衣入白衣舍應當學
不得反抄衣入白衣舍坐應當學
不得衣纏頸入白衣舍應當學
不得衣纏頸入白衣坐應當學
不得覆頭入白衣舍應當學
不得覆頭入白衣舍坐應當學
不得跳行入白衣舍應當學
不得跳行入白衣舍坐應當學
十
不得白衣舍內蹲坐應當學
不得叉腰行入白衣舍應當學
不得叉腰入白衣舍坐應當學
不得搖身行入白衣舍應當學
不得搖身行入白衣坐應當學
不得掉臂行入白衣舍應當學
[illegible]

好覆身入白衣舍坐應當學
不得左右行顧視行入白衣應當學　二十
不得左右顧視行入白舍坐應當學
靜默入白衣舍應當學
靜默入白舍坐應當學
不得戲笑行入白衣舍應當學
不得戲笑行入白衣舍坐應當學
用意受食應當學
平鉢受食應當學
平鉢受羹應當學
羹飯等食應當學
以次食應當學　三十
不得挑鉢中而食應當學
不得自為己索羹飯應當學
不得以飯覆羹更望得應當學

不得自為己索羹飯應當學
不得以飯覆羹更望得應當學
不得視比坐鉢中食應當學
當繫鉢想食應當學
不得大摶飯食應當學
不得大張口待飯食應當學
不得含飯語應當學
不得摶飯擲口中應當學
不得遺落飯食應當學　罒
不得頰食食應當學
不得嚼飯作聲食應當學
不得大噏飯食應當學
不得舌舐食應當學
不得振手食應當學
不得手把散飯食應當學

不得生草菜上大小便涕唾除病應當學
不得淨水中大小便涕唾除病應當學
不得立大小便除病應當學　五十
不得與反抄衣不恭敬人說法除病應當學
不得為衣纏頸者說法除病應當學
不得為覆頭者說法除病應當學
不得為裹頭者說法除病應當學
不得為叉腰者說法除病應當學
不得為著革屣者說法除病應當學
不得為著木屐者說法除病應當學
不得為騎乘者說法除病應當學
不得在佛塔中止宿除為守護應當學　六十
不得藏財物置佛塔中除為堅牢應當學
不得著革屣入佛塔中應當學
不得手捉革屣入塔佛塔中應當學

不得著（手捉）草屣入塔佛塔中應當學
不得著草屣繞佛塔行應當學
不得著富羅入佛塔中應當學
不得手捉富羅入佛塔中應當學
不得塔下坐食留草及食汙地應當學
不得擔死屍從塔下過應當學
不得塔下埋死屍應當學
不得在塔下燒死屍應當學　廿
不得向塔燒死屍應當學
不得仏塔四邊燒死屍使臭氣來入應當學
不得持死衣及牀從塔下過除浣染香熏應當學
不得佛塔下大小便應當學
不得向佛塔大小便應當學
不得遶仏塔四邊大小便使臭氣來入應當學
不得持佛像至大小便處應當學

不得佛塔四邊嚼楊枝應當學　仐
不得在塔下洟唾應當學
不得向佛塔洟唾應當學
不得塔四邊洟唾應當學
不得向佛塔舒脚坐應當學
不得安佛塔在下房已在上房住應當學
人坐已立不得為說法除病應當學
人卧已坐不得為說法除病應當學
人在坐已在非坐不得為說法除病應當學
人在高坐已在下坐不得為說法除病應當學
人在前行已在後行不得為說法除病應當學　卆
人在高經行處已在下經行處不應為說法除病應當學
人在道已在非道不應為說法除病應當學
不得携手在道行應當學
不得上樹過人頭除時因緣應當學

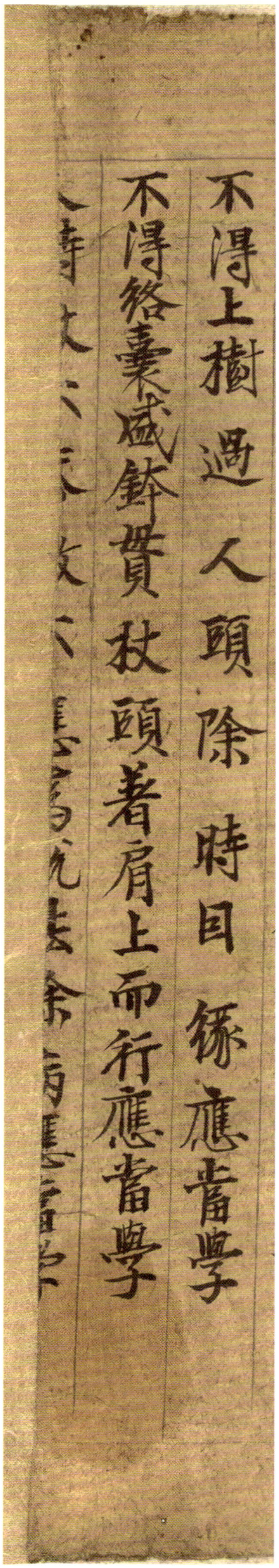
不得上樹過人頭除時因緣應當學
不得絡囊盛鉢貫杖頭著肩上而行應當學
人持杖不恭敬不應為說法除病應當學

BD00673 七階禮懺文（擬）

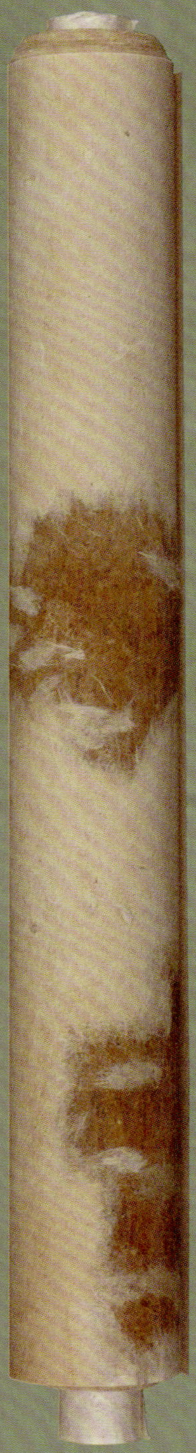

282.5cm × 27.5cm

佳嚴持
成叁一切仏
為光明臺
梵唄文
世間无與等無比不思議　是故今敬礼
智惠亦復然　一切法常住是
事
故我歸依　敬礼常住三寶　歎仏文
容顏甚其妙光明照十方我過增供養今復還
近親佛有如是無量功德恒沙劫中讃陽難盡然
今衆等敬能依時礼懺所脩功德迴放有精齋登
仏邊　天尚天下无如仏十方世界亦無比世界所
有我盡見一切無有如仏有仏有如是功德　已上衆前
[illegible]

佛正眉間毫[illegible]

由如滿月居空界摧前　佛面由如淨滿月亦如千日

放光明目淨脩廣若清蓮齒白齊密如珂雪佛

如來面皃無倫正眉間毫想常有右旋光潤光白

等頻梨由如滿月居空界摧前　佛面由如淨滿月亦

如千日放光明目淨脩廣若請蓮齒白齊密如

佛德無邊如大海無限妙寶積其中智惠得不顧

恒受百千勝邑咸充滿　天地此界多聞失梵

宮天處十方無丈夫牛王大沙門尋地山臨遍無

得取前　如來智海無邊際一切人天共惻量假千萬億

劫中不能德知其少分我今讚佛功德於得海中

唯一渧迴斯福聚施群生皆願速證菩提過

妙湛總持不動尊首楞嚴[illegible]王[illegible]有請我

僧

劫顛倒想不歷祇獲法身願今得果成寶

證

唯一詢迴斯福聚放群生皆願速證菩提道
妙湛揔持不動尊首楞嚴王世希有消我
憶劫顛倒相不應僧祇權法身願得金證過成寶
王還度如是恒衆沙將此深心奉塵案是則名為報
佛恩 亦泉前文 南无方東須弥燈光明如來十方佛
等一切諸佛 南无毗婆尸如來過去七佛等一切
諸佛 南无普光如來十五三佛等一切知佛
南无東方善德如來十方佛等一切諸佛
南无拘那提如來賢劫千佛等一切諸佛
南无釋迦牟尼如三十五佛等一切諸佛
南无東方阿閦如來一万千五佛等一切諸佛
南无寶集如來廿五佛等一切諸佛
南无普光佛 南无普明佛

南无[illegible]
南无歡喜藏摩尼寶積佛　南无一切世間樂見常
天上精進佛　南无金剛勞強普散金剛
南无摩尼幢燈光佛　南无惠炬照佛
南无海德光明佛　南无大強精進用通佛
南无大悲光佛　南无慈力王佛　南无慈藏佛
南无栴檀屈莊嚴勝　南无賢善首佛　南无善意
南无廣莊嚴王佛　南无花金光佛　南无虛空寶花光
南无寶蓋照空自在王佛　南无瑠璃莊嚴王佛
南无普見色身光佛　南无不動智光佛
南无降伏知摩王佛　南无手光明佛　南无智慧勝佛
南无彌勒仙光佛　南无世淨光佛
南无善寂月音妙尊智王　南无龍種上尊王
南无日月光佛　南无日月珠光佛　南无惠幢勝王

BD00673　七階禮懺文（擬）

南无善宿月音妙尊智王　南无龍種上尊王

南无日月光佛　南无日月珠光佛　南无慧幡勝王

南无師子吼自在力王佛　南无妙音勝佛

南无常光幢佛　南无觀世燈佛　南无慧威燈王

南无須彌光佛　南无須曼那花光佛

南无優曇鉢波羅花樹勝王佛　南无大慧力王佛

南无阿閦毗歡喜光佛　南无无量音聲王佛

南无才光佛　南无金海光　南无山海慧自在通王

南无大通光佛　南无一切法常滿王　已上五十三佛　南无釋迦牟尼

南无金剛不壞佛　南无寶月光　南无龍尊王

南无精進君佛　南无精進喜佛　南无寶火佛

南无寶月光佛　南无現無愚佛　南无寶月佛

南无無垢佛　南无離垢佛　南无勇施佛

南无无德仏　南无無優德仏　南无那羅延

南无功德花仏　南无蓮花由喜神通佛

南无財功德仏 一　南无德念仏　南无善名稱功德

南无紅炎幢王仏　南无善遊步功德仏

南无鬪戰勝仏　南无善遊步仏

南无周匝莊嚴功德仏　南无寶花由步仏

南无寶蓮善住娑羅樹王仏　南无寶集仏

南无寶勝佛　南无成就盧舍那仏

南无盧舍那鏡像　南无盧舍那光明仏

南无不動佛　南大光明仏

南无不可量聲仏　南无無量聲如来　二四

南无何弥陁勒沙仏　南无大稱佛

南无寶光明佛　南无然燈火佛

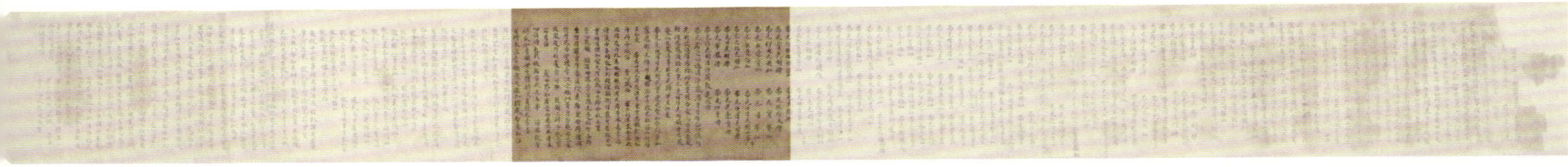

南无阿弥伽勒陁仏　南无大樹佛
南无寶光明佛　南无然燈火佛
南无得大无畏仏　南无寶聲仏
南无無邊寶仏　南无月聲仏
南无無邊獅仏　南无日月光明世尊仏
南无无垢光明仏　南无淨清光明佛
南无日光明佛　南无无邊寶佛
南无華勝佛　南无妙身佛
南无法光明清淨開敷蓮花佛
南无虛空功德清淨微塵等目端正功德相
光明花波頭摩瑠璃光寶體香最上香供養訖
種種莊嚴頂髻无量无邊日月光明願力莊嚴
變化莊嚴法界出生无障㝵王如来
南无[illegible]

王如來　普為四恩三有及法界衆生悉願斷除知
障歸命懺悔　至心懺悔　羅不住去來今不在
兩間及內外恵眼明照非有無塵勞本來常淸
淨良由妄相起分別種種顛倒日茲生若能安心
實相煩惱如空無所住懺悔已歸命礼三寶
至心發願　願諸世界常安隱無邊福智益群
生所有羅罪障盡消除遠離衆苦歸圓寂
恒用戒香塗體常池定服以資身菩提妙花遍
莊嚴隨所住處常安樂　發願已歸命礼三寶
一切普誦　處世界如虛空如蓮花不著水
心淸淨超於彼稽首礼無上尊　一切恭敬自
歸依佛當願衆生體解大道發無上意
自歸依法當願衆生深入經藏智恵如海

BD00673　七階禮懺文（擬）

歸依佛當願衆生體解大道發無上意
自歸依法當願衆生深入經藏智惠如海
自歸依僧當願衆生統理大衆一切無导
願諸衆生知莫作知善奉行自淨其意是知
和敬和南一切賢聖
白衆等聽說黄昏無常偈人間忩營衆務不
覺年命日夜去如燈風中滅難期忙忙六道無
定趣未得解脫出苦海云何安然不驚懼各聞
强健有力時自策自勵求常住
白衆等聽說初夜無常偈煩惱深無底生死
海無邊度苦船未至云何樂睡〻眠〻正常覺悟
勿令睡覆心勇猛勤精進菩提道自然
敬礼毗盧遮那佛　敬礼盧舍那佛

敬礼西南寶勝佛　敬礼西方無量明佛
南敬礼西北方花德佛　敬礼北方相德佛
敬礼東北方三乘行　敬礼南方廣衆德佛
敬礼下方明德佛　敬礼當來下生彌勒尊
敬礼過現未來十方三世一切諸佛
敬礼舍利形像無量寶塔
敬礼十二部尊經甚深法藏　敬礼諸大菩薩
摩訶薩衆　敬礼聲聞緣覺一切賢聖
為天龍八部知善神王敬礼常住三寶　為過現
之師恒為道首敬礼常住三寶　為帝主聖化無
窮敬礼常住三寶　為太子之王福延葉万敬礼常住
為諸[illegible]花免難　敬礼常住三寶
三寶　為師僧父母及善諸識敬礼常住三寶
為十方施主六度圓滿敬礼常住三寶　為受苦衆生

BD00673　七階禮懺文（擬）

三寶 為師僧父母及善諸識敬礼常住三寶
為十方施主六度圓滿敬禮常住三寶 為受苦衆生
速令離苦敬礼常住三報 為國主安寧法論常
常傳敬礼常住三寶 為法界有情礼佛懺悔
至心懺悔十方无量佛所知无不盡我今悉於前發露
悔諸惡三〻合九種從三煩惱起今身若前身有
罪皆懺悔於三惡道中若應受業報願得金身
常不入惡道受懺悔已歸命礼三寶 至心勸請
十方知如來現在成道者我請輪轉法安樂諸衆
生十方一切佛若欲舍受命我今頭面礼勸請令九
住迴向於菩提迴向已歸命礼三寶 至心迴向我
所作福業一切皆和合為度群生正迴向佛道罪

礼三寶　至心懺悔　願盡衆生等
常思念十方一切佛若欲舍受我今頭面礼勸請
復願諸中生永破知煩惱了了見佛姓猶妙等覺
願已歸命礼三寶　白衆等聽說寅朝清淨偈欲
求寂滅樂當學沙門法衣食知身命清蕉隨
衆等今日知衆等寅朝清淨各已六念
第一念佛願得佛身　第二念法法輪常轉　第三
念僧頭陀苦行　第四念施施心不絕　第五
念誡恨圓滿　第六念天天大般槃

BD00674 妙法蓮華經卷三

（後秦）鳩摩羅什 譯

550.6cm × 26.2cm

……多摩羅跋栴檀香
善逝世間解无上
尊劫名喜滿國名
……為地寶樹莊嚴散真珠
歡喜多諸天人菩薩聲聞
其數无量佛壽二十四小劫正法住世四十
小劫像法亦住四十小劫尒時世尊欲重宣
此義而說偈言
我此弟子 大目揵連 捨是身已 得見八千
二百万億 諸佛世尊 為佛道故 供養恭敬
於諸佛所 常脩梵行 於无量劫 奉持佛法
諸佛滅後 起七寶塔 長表金剎 華香伎樂
而以供養 諸佛塔廟 漸漸具足 菩薩道已
……羅 栴檀之香

其佛壽命　二十四劫　常為天人　演說佛道
聲聞无量　如恒河沙　三明六通　有大威德
菩薩无數　志固精進　於佛智慧　皆不退轉
佛滅度後　正法當住　四十小劫　像法亦尒
我諸弟子　威德具足　其數五百　皆當授記
於未來世　咸得成佛　我及汝等　宿世因緣
吾今當說　汝等善聽

妙法蓮華經化城喻品第七

佛告諸比丘乃往過去无量无邊不可思議
阿僧祇劫尒時有佛名大通智勝如來應供正
遍知明行足善逝世間解无上士調御丈夫
天人師佛世尊其國名好成劫名大相諸比
丘彼佛滅度已來甚大久遠譬如三千大千
世界所有地種假使有人磨以為墨過於東
方千國土乃下一點大如微塵又過千國土

方千國土乃下一點大如微塵又過千國土
復下一點如是展轉盡地種墨於汝等意云
何是諸國土若筭師若筭師弟子能得邊
際知其數不不也世尊諸比丘是人所經國
土若點不點盡末為塵一塵一劫彼佛滅度
已來復過是數无量无邊百千万億阿僧祇
劫我以如來知見力故觀彼久遠猶若今日
尒時世尊欲重宣此義而說偈言
我念過去世　无量无邊劫　有佛兩足尊　名大通智勝
如人以力磨　三千大千土　盡此諸地種　皆悉以為墨
過於千國土　乃下一塵點　如是展轉點　盡此諸塵墨
如是諸國土　點與不點等　復盡末為塵　一塵為一劫
此諸微塵數　其劫復過是　彼佛滅度來　如是无量劫
如來无礙智　知彼佛滅度　及聲聞菩薩　如見今滅度

那由他劫其佛本坐道場破魔軍已垂得阿
耨多羅三藐三菩提而諸佛法不現在前如
是一小劫乃至十小劫結跏趺坐身心不動
而諸佛法猶不在前尒時忉利諸天先為彼
佛於菩提樹下敷師子座高一由旬佛於此
座當得阿耨多羅三藐三菩提適坐此座時
諸梵天王雨衆天華面百由旬香風時來吹去
萎華更雨新者如是不絕滿十小劫供養
於佛乃至滅度常雨此華四王諸天為供養
佛常擊天鼓其餘諸天作天伎樂滿十小劫
至于滅度亦復如是諸比丘大通智勝佛過
十小劫諸佛之法乃現在前成阿耨多羅三
藐三菩提其佛未出家時有十六子其第一
者名曰智積諸子各有種種珍異玩好之具

者名曰智積諸子各有種種珎異玩好之具
聞父得成阿耨多羅三藐三菩提皆捨所珎
往詣佛所諸母涕泣而随送之其祖轉輪聖
王與一百大臣及餘百千万億人民皆共圍
繞随至道場咸欲親近大智勝如來供養
恭敬尊重讚嘆到已頭面礼足繞佛畢已一
心合掌瞻仰世尊以偈頌曰
大威德世尊　為度衆生故　於无量億劫　尒乃得成佛
諸願已具足　善哉吉无上　世尊甚希有　一坐十小劫
身體及手足　静然安不動　其心常惔怕　未曾有散亂
究竟永寂滅　安住无漏法　今者見世尊　安隱成佛道
我等得善利　稱慶大歡喜　衆生常苦惱　盲冥无導師
不識苦盡道　不知求解脫　長夜增惡趣　減損諸天衆
從冥入於冥　永不聞佛名　今佛得最上　安隱无漏道

輪咸作是言世尊說法多所安隱憐愍饒益
諸天人民重說偈言
世雄无等倫　百福自莊嚴　得无上智慧　願為世間說
度脫於我等　及諸眾生類　為分別顯示　令得是智慧
若我等得佛　眾生亦復然　世尊知眾生　深心之所念
亦知所行道　又知智慧力　欲樂及修福　宿命所行業
世尊悉知已　當轉无上輪
佛告諸比丘大通智勝佛得阿耨多羅三藐
三菩提時十方各五百万億諸佛世界六種
震動其國中間幽冥之處日月威光所不能
照而皆大明其中眾生各得相見咸作是言
此中云何忽生眾生又其國界諸宮天殿乃
至梵宮六種震動大光普照遍滿世界勝諸
天光尒時東方五百万億諸國土中梵天宮殿光

天光尒時東方万億諸土中梵天宮殿光
明照曜倍於常明諸梵天王各作是念今者
宮殿光明昔所未有以何因緣而現此相是時
諸梵天王即各相詣共議此事時彼衆中
有一大梵天王名救一切為諸梵衆而說偈言
我等諸宮殿　光明昔未有　此是何因緣　宜各共求之
為大德天生　為佛出世間　而此大光明　遍照於十方
尒時五百万億國土諸梵天王與宮殿俱各
以衣裓盛諸天華共詣西方推尋是相見大
通智勝如來處于道場菩提樹下坐師子座
諸天龍王乾闥婆緊那羅摩睺羅伽人非人
等恭敬圍繞及見十六王子請佛轉法輪即
時諸梵天王頭面礼佛繞百千匝即以天華
而散佛上其所散華如須弥山并以供養佛
菩提樹其菩提樹高十由旬華供養已各

[illegible]
等所獻宮殿願垂納受時諸梵天王即於佛
前一心同聲以偈頌曰

世尊甚希有　難可得值遇　具无量功德　能救護一切
天人之大師　哀愍於世間　十方諸衆生　普皆蒙饒益
我等所從來　五百万億國　捨深禪定樂　為供養佛故
我等先世福　宮殿甚嚴飾　今以奉世尊　唯願哀納受

尒時諸梵天王偈讚佛已各作是言唯願世
尊轉於法輪度脫衆生開涅槃道時諸梵天
王一心同聲而說偈言

世雄兩足尊　唯願演說法　以大慈悲力　度苦惱衆生

尒時大通智勝如來嘿然許之又諸比丘東
南方五百万億國土諸大梵王各自見宮殿
光明照曜昔所未有歡喜踊躍生希有心即
各相詣共議此事時彼衆中有一大梵天王

BD00674　妙法蓮華經卷三

各相詣共議此事時彼衆中有一大梵天王
名曰大悲為諸梵衆而説偈言
是事何因緣　而現如此相　我等諸宮殿　光明昔未有
為大德天生　為佛出世間　未曾見此相　當共一心求
過千万億土　尋光共推之　多是佛出世　度脱苦衆生
尒時五百万億諸梵天王與宮殿俱各以衣
裓盛諸天華共詣西北方推尋是相見大
通智勝如來處于道場菩提樹下坐師子座
諸天龍王乹闥婆緊那羅摩睺羅伽人非人
等恭敬圍繞及見十六王子請佛轉法輪時
諸梵天王頭面礼佛繞百千帀即以天華而
散佛上所散之華如須弥山并以供養佛菩
提樹華供養已各以宮殿奉上彼佛而作是
言唯見哀愍饒益我等所獻宮殿願垂納受
尒時諸梵天王即於佛前一心同聲以偈頌

聖主天中王　迦陵頻伽聲　哀愍衆生者　我等今敬礼
世尊甚希有　久遠乃一現　一百八十劫　空過无有佛
三惡道充滿　諸天衆減少　今佛出於世　為衆生作眼
世間所歸趣　救護於一切　為衆生之父　哀愍饒益者
我等宿福慶　今得值世尊
尒時諸梵天王偈讚佛已各作是言唯願世
尊哀愍一切轉於法輪度脫衆生時諸梵天
王一心同聲而說偈言
大聖轉法輪　顯示諸法相　度苦惱衆生　令得大歡喜
衆生聞此法　得道若生天　諸惡道減少　忍善者增益
尒時大通智勝如來嘿然許之又諸比丘南
方五百万億國土諸大梵王各自見宮殿光
明照曜昔所未有歡喜踊躍生希有心即各
相詣共議此事以何因緣我等宮殿有此光

相詣共議此事以何因緣我等宮殿有此光
曜而彼衆中有一大梵天王名曰妙法爲諸梵
衆而說偈言
我等諸宮殿　光明甚威曜　此非无因緣　是相宜求之
過於百千劫　未曾見是相　爲大德天生　爲佛出世間
尒時五百万億諸梵天王與宮殿俱各以衣
裓盛諸天華共詣北方推尋是相見大通智
勝如來處于道場菩提樹下坐師子座諸天
龍王乾闥婆緊那羅摩睺羅伽人非人等恭
敬圍繞及見十六王子請佛轉法輪時諸梵
天王頭面礼佛繞百千迊即以天華而散佛
上所散之華如須弥山并以供養佛菩提樹
華供養已各以宮殿奉上彼佛而作是言唯
見哀愍饒益我等所獻宮殿願垂納受尒時
諸梵天王即於佛前一心同聲以偈頌曰

世尊甚難見　破諸煩惱者　過百三十劫　今乃得一見
諸飢渴衆生　以法雨充滿　昔所未曾覩　无量智慧者
如優曇鉢華　今日乃值遇　我等諸宮殿　蒙光故嚴飾
世尊大慈悲　唯願垂納受
尒時諸梵天王偈讚佛已各作是言唯願世
尊轉於法輪令一切世間諸天魔梵沙門婆
羅門皆獲安隱而得度脫時諸梵天王一心同
聲以偈頌曰
唯願天人尊　轉无上法輪　擊于大法鼓　而吹大法螺
普雨大法雨　度无量衆生　我等咸歸請　當演深遠音
尒時大通智勝如來嘿然許之西南方乃至
下方亦復如是尒時上方五百万億國土諸
大梵王皆悉自覩所止宮殿光明威曜昔所
未有歡喜踊躍生希有心即各相詣共議此
事以何因緣我等宮殿有斯光明彼衆中

未有歡喜踊躍生希有心即各相詣共議此
事以何因緣我等宮殿有斯光明彼衆中
有一大梵天王名曰尸棄為諸梵衆而説偈言
今以何因緣　我等諸宮殿　威德光明曜　嚴飾未曾有
如是之妙相　昔所未聞見　為大德天生　為佛出世間
尒時五百万億諸梵天王與宮殿俱各以衣
裓盛諸天華共詣下方推尋是相見大通智
勝如來處于道場菩提樹下坐師子座諸天
龍王乹闥婆緊那羅摩睺羅伽人非人等恭
敬圍繞及見十六王子請佛轉法輪時諸梵
天王頭面礼佛繞百千匝即以天華而散佛
上所散之華如須弥山并以供養佛菩提樹
華供養已各以宮殿奉上彼佛而作是言唯
見哀愍饒益我等所獻宮殿願垂納受時諸

普智天人尊　哀愍羣生類　能開甘露門　廣度扵一切
扵昔无量劫　空過无有佛　世尊未出時　十方常闇暝
三惡道增長　阿脩羅亦盛　諸天衆轉減　死多墮惡道
不從佛聞法　常行不善事　色力及智慧　斯等皆減少
罪業因緣故　失樂及樂想　住扵邪見法　不識善儀則
不蒙佛所化　常墮扵惡道　佛為世間眼　久遠時乃出
哀愍諸衆生　故現扵世間　超出成正覺　我等甚欣慶
及餘一切衆　喜歎未曾有　我等諸宮殿　蒙光故嚴飾
今以奉世尊　唯垂哀納受　願以此功德　普及扵一切
我等與衆生　皆共成佛道
尒時五百万億諸梵天王偈讚佛已，各白佛
言：唯願世尊轉扵法輪，多所安隱，多所度脫。
時諸梵天王而說偈言：
世尊轉法輪　擊甘露法鼓　度苦惱衆生　開示涅槃道

時諸梵天王　而說偈言
世尊轉法輪　擊甘露法鼓　度苦惱衆生　開示涅槃道
唯願受我請　以大微妙音　哀愍而敷演　无量劫習法
尒時大通智勝如来受十方諸梵天王及十
六王子請　即時三轉十二行法輪　若沙門婆羅
門若天魔梵及餘世間所不能轉　謂是苦是
苦集是苦滅是苦滅道　及廣說十二因緣法
无明緣行　行緣識　識緣名色　名色緣六入　六
入緣觸　觸緣受　受緣愛　愛緣取　取緣有　有緣
生　生緣老死憂悲苦惱　无明滅則行滅　行滅
則識滅　識滅則名色滅　名色滅則六入滅　六
入滅則觸滅　觸滅則受滅　受滅則愛滅　愛滅
則取滅　取滅則有滅　有滅則生滅　生滅則老
死憂悲苦惱滅　佛於天人大衆之中說是法
時六百万億那由他人以不受一切法故而

於諸漏心得解脫皆得深妙禪定三明六通
具八解脫第二第三第四說法時千万億恒
河沙那由他等衆生亦以不受一切法故而
於諸漏心得解脫從是已後諸聲聞衆无量
无邊不可稱數尒時十六王子皆以童子出
家而爲沙弥諸根通利智慧明了已曾供養
百千万億諸佛淨修梵行求阿耨多羅三藐
三菩提俱白佛言世尊是諸无量千万億大
德聲聞皆已成就世尊亦當爲我等說阿耨
多羅三藐三菩提法我等聞已皆共修學世
尊我等志願如來知見深心所念佛自證知
尒時轉輪聖王所將衆中八万億人見十六
王子出家亦求出家王即聽許尒時彼佛
受沙弥請過二万劫已乃於四衆之中說是大
乘經名妙法蓮華教菩薩法佛所護念說是

BD00674　妙法蓮華經卷三

受沙弥請過二万劫已乃於四衆之中說是大
乘经名妙法蓮華教菩薩法佛所護念說是
经已十六沙弥爲阿耨多羅三藐三菩提故
皆共受持諷誦通利說是经時十六菩薩沙
弥皆悉信受聲聞衆中亦有信解其餘衆生
千万億衆皆生疑惑佛說是经於八千劫未
曾休廢說此经已即入靜室住於禪定八万
四千劫是時十六菩薩沙弥知佛入室寂然
禪定各昇法座亦於八万四千劫爲四部衆
廣說分別妙法華经一一皆度六百万億那
由他恒河沙等衆生示教利喜令發阿耨多
羅三藐三菩提心大通智勝佛過八万四千
劫已從三昧起往詣法座安詳而坐普告大
衆是十六菩薩沙弥甚爲希有諸根通利智

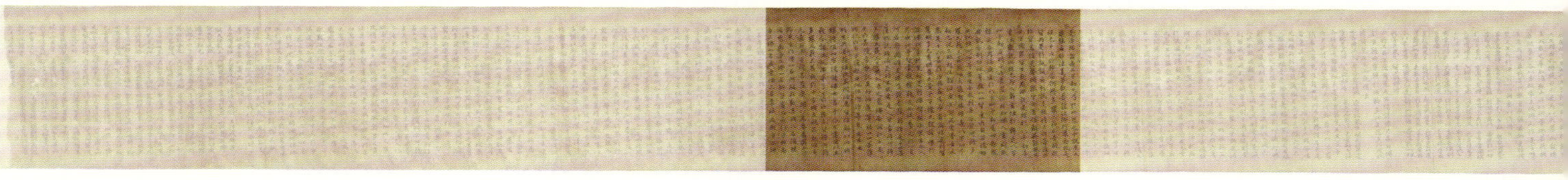

[illegible]
其中汝等皆當數數親近而供養之所以者
何若聲聞辟支佛及諸菩薩能信是十六菩
薩所說經法受持不毀者是人皆當得阿耨
多羅三藐三菩提如來之慧佛告諸比丘是
十六菩薩常樂說是妙法蓮華經一一菩薩
所化六百万億那由他恒河沙等衆生世世
所生與菩薩俱從其聞法悉皆信解以此因
緣得值四万億諸佛世尊于今不盡諸比丘
我今語汝彼佛弟子十六沙弥今皆得阿耨
多羅三藐三菩提於十方國土現在說法有
无量百千万億菩薩聲聞以為眷屬其二沙
弥東方作佛一名阿閦在歡喜國二名須弥
頂東南方二佛一名師子音二名師子相南
方二佛一名虛空住二名常滅西南方二佛

BD00674　妙法蓮華經卷三

頂東南方二佛一名師子音二名師子相南
方二佛一名虛空住二名常滅西南方二佛
一名帝相二名梵相西方二佛一名阿弥陁
二名度一切世間苦惱西北方二佛一名多
摩羅跋栴檀香神通二名須弥相北方二佛
一名雲自在二名雲自在王東北方佛名壞
一切世間怖畏苐十六我釋迦牟尼佛於娑
婆國土成阿耨多羅三藐三菩提諸比丘我
等為沙弥時各各教化无量百千万億恒河
沙等衆生從我聞法為阿耨多羅三藐三菩
提此諸衆生于今有住聲聞地者我常教化
阿耨多羅三藐三菩提諸人等應以是法
漸入佛道所以者何如来智慧難信難解尒
時所化无量恒河沙等衆生者汝等諸比丘

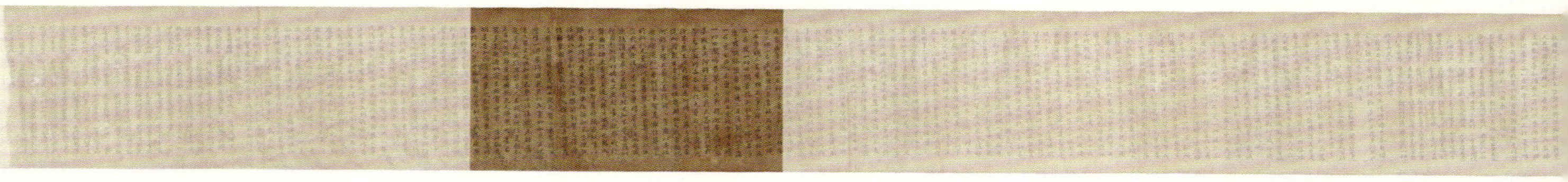

度後復有弟子不聞是經不知不覺菩薩所
行自於所得功徳生滅度想當入涅槃我於
餘國作佛更有異名是人雖生滅度之想入
於涅槃而於彼土求佛智慧得聞是經唯以
佛乘而得滅度更无餘乘除諸如来方便説
法諸比丘若如来自知涅槃時到衆又清淨
信解堅固了達空法深入禪定便集諸菩薩
及聲聞衆為説是經世間无有二乘而得滅
度唯一佛乘得滅度耳比丘當知如来方便
深入衆生之性知其志樂小法深著五欲為
是等故説於涅槃是人若聞則便信受譬如
五百由旬險難惡道曠絶无人怖畏之處若
有多衆欲過此道至珎寶處有一導師聰慧
明達善知險道通塞之相將導衆人欲過此
難所將人衆中路懈退白導師言我等疲極

BD00674　妙法蓮華經卷三

明達善知險道通塞之相將導眾人欲過此
難所將人眾中路懈退白導師言我等疲極
而復怖畏不能復進前路猶遠今欲退還導
師多諸方便而作是念此等可愍云何捨大珍
寶而欲退還作是念已以方便力於險道
中過三百由旬化作一城告眾人言汝等勿
怖莫得退還今此大城可於中止隨意所作
若入是城快得安隱若能前至寶所亦可得
去是時疲極之眾心大歡喜歎未曾有我等
今者免斯惡道快得安隱於是眾人前入化
城生已度想生安隱想爾時導師知此人眾
既得止息無復疲惓即滅化城語眾人言
汝等去來寶處在近向者大城我所化作為
止息耳諸比丘如來亦復如是今為汝等作

[illegible]
欲親近便作是念佛道長遠久受勤苦乃可
得成佛知是心怯弱下劣以方便力而於中
道為止息故說二涅槃若衆生住於二地如來
尒時即便為說汝等所作未辦汝所住地
近於佛慧當觀察籌量所得涅槃非真實也
但是如來方便之力於一佛乘分別說三如
彼導師為止息故化作大城既知息已而告
之言寶處在近此城非實我化作耳尒時世
尊欲重宣此義而說偈言
大通智勝佛　十劫坐道場　佛法不現前　不得成佛道
諸天神龍王　阿脩羅衆等　常雨於天華　以供養彼佛
諸天擊天鼓　并作衆伎樂　香風吹萎華　更雨新好者
過十小劫已　乃得成佛道　諸天及世人　心皆懷踊躍
彼佛十六子　皆與其眷屬　千万億圍繞　俱行至佛所
[illegible]

BD00674　妙法蓮華經卷三

彼佛十六子　皆與其眷屬　千万億圍繞　俱行至佛所
頭面礼佛足　而請轉法輪　聖師子雨法　充我及一切
世尊甚難值　久遠時一現　為覺悟群生　震動於一切
東方諸世界　五百万億國　梵宮殿光曜　昔所未曾有
諸梵見此相　尋來至佛所　散華以供養　并奉上宮殿
請佛轉法輪　以偈而讚歎　佛知時未至　受請嘿然坐
三方及四維　上下亦復尒　散華奉宮殿　請佛轉法輪
世尊甚難值　願以大慈悲　廣開甘露門　轉无上法輪
无量慧世尊　受彼衆人請　為宣種種法　四諦十二緣
无明至老死　皆從生緣有　如是衆過患　汝等應當知
宣暢是法時　六百万億姟　得盡諸苦際　皆成阿羅漢
第二說法時　千万恒沙衆　於諸法不受　亦得阿羅漢
從是後得道　其數无有量　万億劫筭數　不能得其邊
時十六王子　出家作沙弥　皆共請彼佛　演說大乘法
我等及營從　皆當成佛道　願得如世尊　慧眼第一淨

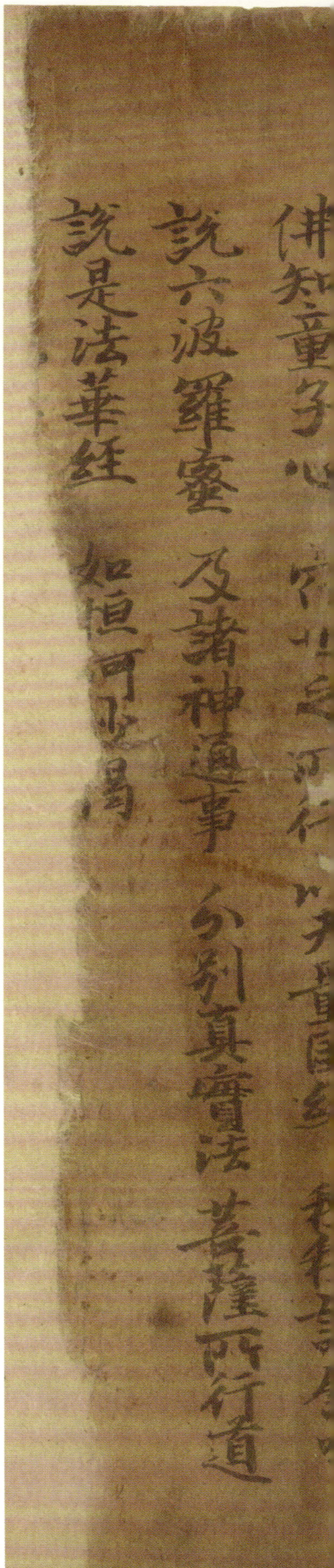

佛知童子心　宿世之所行　以無量因緣　種種諸譬喻
說六波羅蜜　及諸神通事　分別真實法　菩薩所行道
說是法華經　如恒河沙偈

BD00675 大般若波羅蜜多經卷三五六

（唐）玄奘 譯

125.8cm × 25.8cm

上正等菩提
善現譬如有人欲食菴沒羅果或半娜娑果
先取其子於良美地而種殖之隨時溉灌守
護營理漸次生長牙莖枝葉時節和合便有
花果果成熟已取而食之如是善現菩薩摩
訶薩欲得无上正等菩提先學六種波羅蜜
多復於有情或以布施或以愛語或以利行
或以同事而攝受之既攝受已教令安住布
施淨戒安忍精進靜慮般若波羅蜜多既安
住已解脫一切生老病死證得常住畢竟安
樂菩薩如是當得无上正等菩提轉妙法輪
度无量衆是故善現若菩薩摩訶薩欲於諸
法不藉他緣而自悟解欲能成熟一切有情

法輪脫有情類生老病死當學六種波羅蜜
多以四攝事方便攝受諸有情類菩薩如是
勤脩學時應於般若波羅蜜多常勤脩學
尒時具壽善現白佛言世尊佛說菩薩摩訶
薩應於般若波羅蜜多常勤學耶佛言善現
如是如是我說菩薩摩訶薩應於般若波羅
蜜多常勤脩學善現若菩薩摩訶薩欲於諸
法得大自在當學般若波羅蜜多何以故善
現甚深般若波羅蜜多能令菩薩於一切法
得自在故復次善現甚深般若波羅蜜多是
諸善法生長方便所趣向門譬如大海是諸
物生長方便及一切水所趣向門如是善
般若波羅蜜多是諸善法生長方便
門是故善現求聲聞乘補特伽羅求

者若說[illegible]是言[illegible]
[illegible]門是故善現求聲聞乘補特伽羅求
覺乘補特伽羅求菩薩乘補特伽羅皆當
於此甚深般若波羅蜜多常勤脩學善現
諸菩薩摩訶薩於此般若波羅蜜多勤脩學時
應勤脩學布施波羅蜜多應勤脩學淨戒安
忍精進靜慮般若波羅蜜多應勤安住內空
應勤安住外空內外空空空大空勝義空有
為空無為空畢竟空無際空散空無變異空
本性空自相空共相空一切法空不可得空
無性空自性空無性自性空應勤安住真如
應勤安住法界法性不虛妄性不變異性平
等性離生性法定法住實際虛空界不思議
界應勤安住苦聖諦應勤安住集滅道聖
諦應勤脩學四靜慮應勤脩學四無量四無

[illegible]
苐空十遍処應勤脩學四念住應勤脩學四
正斷四神足五根五力七等覺支八聖道支
應勤脩學空解脫門應勤脩學无相无願解
脫門應勤脩學五眼應勤脩學六神通應勤
脩學佛十力應勤脩學四无所畏四无破解
大慈大悲大喜大捨十八佛不共法應勤脩
學无忘失法應勤脩學恒住捨性應勤脩學
一切陁羅尼門應勤脩學一切三摩地門應
勤脩學一切智應勤脩學道相智一切相智
善現如善射人甲冑堅固執好弓箭不懼怨
敵菩薩摩訶薩亦復如是攝受般若波羅蜜
多攝受靜慮精進安忍淨戒布施波羅蜜多
攝受内空攝受外空内外空空空大空勝義
空有為空无為空畢竟空无際空散空无變

攝受内空攝受外空内外空空空大空勝義
空有爲空无爲空畢竟空无際空散空无變
異空本性空自相空共相空一切法空不可得
空无性空自性空无性自性空攝受真如
攝受法界法性不虚妄性不變異性平等性
離生性法定法住實際虚空界不思議界攝
受苦聖諦攝受集滅道聖諦攝受四靜慮攝
受四无量四无色定攝受八解脱攝受八勝
處九次第定十遍處攝受四念住攝受四正
斷四神足五根五力七等覺支八聖道支攝
受空解脱門攝受无相无願解脱門攝受五
眼攝受六神通攝受佛十力攝受四无所畏
四无礙解大慈大悲大喜大捨十八佛不共
法攝受无忘失法攝受恒住捨性攝受一切
陀羅尼門攝受一切三摩地門攝受一切智

皆以般若波羅蜜多而為方便由此因緣一
切魔軍外道他論皆不能伏是故善現若善
薩摩訶薩欲證无上正等菩提當勤脩學甚

大般若波羅蜜

BD00676 大乘密嚴經卷中

（唐）地婆訶羅 譯

165.3cm × 26cm

等諸天之宮或見普賢有大威力得一切智
无礙辯才身相光明獨无倫比所居宮殿如
淨滿月雖住寂嚴正定之海而現衆色像靡
不周遍一切賢聖所共稱譽无量天仙乾闥
婆等國王王子并其眷屬圍遶侍衛或復見
有觀行之師諸佛子衆所共圍遶住禪寂靜
猶如睡眠而離惛沉懈怠等過患曾侍奉无
量諸佛或復有見為大導師降神誕生出家
苦行一心正定乃至涅槃於虚空中行住坐
卧現諸神變令閻浮提至色究竟諸天人等
莫不瞻仰諸仁者諸佛體性唯佛所知佛之
智慧最上无比如釋迦牟尼人中師子之所
已得汝諸佛子咸當得之是故仁等應生淨

諸佛子轉復精進於蓮花藏清淨佛土與諸
菩薩蓮花化生入一乘道離貪等習乃至降
伏欲界天魔夫精進者志无怯弱光隆佛家
王諸國土諸仁者若欲作佛當淨佛種性淨
種性已必為如來之所授記成无上覺利益
一切諸修行者譬如大地與諸衆生而作所
依又如良醫善調衆藥周行城邑普心救療
佛亦如是平等教化心无分別設有衆生剖
截肌膚心亦不動諸仁者內外境界心之所
行皆唯是識惑亂而見此中无我亦无我所
能害所害害及害具一切皆是意識境界依
阿賴耶如是分別譬如有人置珠日中或因
鑽燧而生於火此火非是珠燧所生亦非人

BD00676　大乘密嚴經卷中

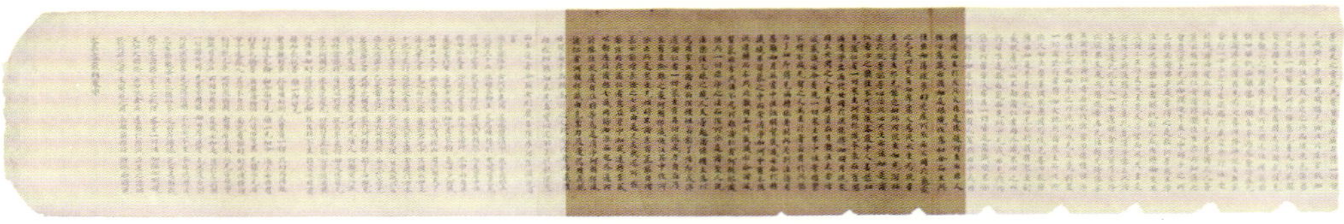

鑚燧而生於火此火非是珠燧所生亦非人
作心意識亦復如是根境作意和合而生此
性非如陽燄夢幻迷惑所取亦不同於龜黿
之毛及以菟角如霹靂火爲從水生爲從電
生爲雲生邪无能定知此所從生如見陶師
造於瓶等欲等心法與心共生亦復如是諸
仁者心之體性不可思議密嚴中人善能知
見諸仁者一切衆生阿賴邪識本来而有圓
滿清淨出過於世同於涅槃譬如明月現衆
國土世間之人見有虧盈而月體性未嘗增
減藏識亦尒普現一切衆生界中性常圓絜
不增不減无智之人妄生計著若有於此能
正了知即得无漏轉依差別此差別法得者

流漂轉而木與流體相各別藏識亦尒諸識
習氣雖常與俱不爲所雜諸仁者阿賴耶識
恒與一切染淨之法而作所依是諸聖人現
法樂住三昧之境人天等趣諸佛國土悉以
爲因常與諸乘而作種性若能了悟即成佛
道諸仁者一切衆生有具功德威力自在乃
至有生險難之處阿賴耶識恒住其中作所
依止此是衆生无始時界諸業習氣能自增
長亦能增長餘之七識由是凡夫執爲所作
能作内我諸仁者意在身中如風速轉業風
吹動遍在諸根七識同時如浪而起外道所
計勝性微塵自在時等悉是清淨阿賴耶識
諸仁者阿賴耶識由先業力及愛爲因成就

諸仁者阿賴邪識由先業力及愛爲因成就世間若干品類妄計之人執爲作者此識體相微細難知未見真實心迷不了於根境意而生愛著尒時金剛藏菩薩摩訶薩復説偈言

汝等諸佛子　云何不見聞　藏識體清淨　衆身所依止
或具三十二　佛相及輪王　或爲種種形　世間皆悉見
譬如淨空月　衆星所環遶　諸識阿賴耶　如是身中住
譬如欲天主　侍衛遊寶宫　江海等諸神　水中而自在
藏識處於世　當知亦復然　如地生衆物　是心多所現
譬如日天子　赫弈乘寶宫　旋遶須弥山　周流照天下
諸天世人等　見之而礼敬　藏識佛地中　其相亦如是
十地行衆行　顯發大乘法　普與衆生樂　常讚於如來

密嚴諸定者 與妙定相應 能於阿賴耶 明了而觀見
佛及辟支佛 聲聞諸異道 見理无怯人 所觀皆此識
種種諸識境 皆從心所變 瓶衣等衆物 如是性皆无
悉依阿賴耶 衆生迷惑見 以諸習氣故 所取能取轉
此性非如幻 陽焰及毛輪 非生非不生 非空亦非有
譬如長短等 離一即皆无
智者觀幻事 此皆唯幻術 未曾有一物 與幻而同起
幻焰及毛輪 和合而可見 離一无和合 過未亦非有
幻事毛輪等 在在諸物相 此皆心變異 无體亦无名
世中迷惑人 其心不自在 妄說有能幻 幻成種種物
幻師執凡等 所作衆物類 動轉若去来 此見皆非實
如鐵因慈石 所向而轉移 藏識亦如是 隨於分別轉
一切諸世間 无處不周遍 如日摩尼寶 无思及分別

一切諸世間　无處不周遍　如日摩尼寶　无思及分別
此識遍諸處　見之謂流轉　不死亦不生　本非流轉法
定者勤觀察　生死猶如夢　是時即轉依　說名為解脫
此即是諸佛　最上之教理　審量一切法　如稱如明鏡
又如大明燈　亦如試金石　遠離於斷滅　正道之標相
修行妙定者　至解脫之因　永離諸雜染　轉依而顯現

大乘密嚴經卷中

BD00677 大般涅槃經卷三四

（北凉）曇無讖 譯

173.6cm × 26cm

時諸力士見石在空皆
怖畏欲四散我復告言諸力士等汝今
生恐怖心各欲散去諸力士言沙門若能
護我者我當安住尒時我復以手接石置
右掌力士見已心生歡喜復作是言沙門是
石常耶是无常乎我於尒時以口吹之石即
散壞猶如微塵力士見已唱言沙門是石无
常即生愧心而自考責云何我等恃怙自在
色力命財而生憍慢我知其心即捨化身還
復本形而為說法力士見已一切皆發菩提
之心
善男子拘尸那竭有一工巧名曰純陁是人
先於迦葉佛所發大誓願釋迦如來入涅槃

當於彼拘尸那竭婆羅雙樹入般涅槃汝可
往告純陀令知
善男子王舍城中有五通仙名須跋陀年百
廿常自稱是一切智人生大憍慢已於過去
无量佛所種諸善根我亦為欲調伏彼故
告阿難言過三月已吾當涅槃須跋聞已當
來我所生信敬心我當為彼說種種法其人
聞已當得盡漏
善男子羅閱耆王頻婆娑羅其王太子名
曰善見業因緣故生惡逆心欲害其父而不得
便爾時惡人提婆達多亦因過去業因緣故
復於我所生不善心欲害於我即脩五通不
久獲得與善見太子共為親厚為太子故現

復於我所生不善心欲害於我即能五逆之
久獲得與善見太子共為親厚為太子故現
作種種神通之事從非門出從門而入從門
而出非門而入或時示現傷馬牛羊男女之
身善見太子見已即生愛心善心敬信之心
為是事故嚴設種種供養之具而供養之又
復白言大師聖人我今欲見曼陀羅華時調
婆達多即便往至三十三天從彼天人而求
索之其福盡故都无與者既不得華作是思
惟曼陀羅樹无我我所我若自取當有何罪
即前欲取便失神通還見已身在王舍城心
生慚愧不能復見善見太子復作是念我今
當往至如來所求索大衆佛若聽者我當隨
意教詔勅使舍利弗等尒時提婆達多便來

我我當種種言汝教化令其言信

舍利弗等聰明大智世所信伏我猶不以大
衆付囑况汝癡人食唾者乎時提婆達復於
我所倍生惡心作如是言瞿曇汝今雖復調伏
大衆勢亦不久當見摩滅作是語已大地即
時六反震動提婆達多尋時躄地於其身邊
出大暴風吹諸塵土而汙坌之提婆達多
見惡相已復作是言若我此身現世必入阿
鼻地獄我要當報如是大怨時提婆達多尋
起往至善見太子所善見見已即問聖人何
故顏容顦顇有憂色耶提婆達多言我常如
是汝不知乎善見荅言願說其意何因緣尒
提婆達言我今與汝極成親愛外人罵汝以
為非理我聞是事豈得不憂善見太子復作

提婆達言我今與汝想成親愛外人罵汝以
爲非理我聞是事豈得不憂善見太子復作
是言國人云何罵辱於我提婆達言國人罵
汝爲未生怨善見復言何故名我爲未生怨
誰作此名提婆達言汝未生時一切相師皆
作是言是兒生已當煞其父是故外人皆悉
号汝爲未生怨一切内人護汝心故謂爲善見
見毗提夫人聞是語已既生汝身於高樓上
棄之於地壞汝一指以是因緣人復号汝爲婆
羅留枝我聞是已心生愁憤而復不能向汝
説之提婆達多以如是等種種惡事教令煞
父若汝父死我亦能煞瞿曇沙門善見太子
問一大臣名曰雨行大臣大王何故爲我立
字作未生怨大臣即爲説其本末如提婆
[illegible]

閉之城外以四種兵而守衛之時夫人聞
是事已即至王所所守王人遮不聽入尒時
夫人生瞋恚心便呵罵之時諸守人即告太
子大王夫人欲得往見父王不審聽不善見
聞已復生瞋嫌即往母所前牽母髮拔刀欲斫
尒時耆婆白言大王有國已來罪雖極重不
及女人況所生母善見太子聞是語已為耆
婆故即便放捨遮斷父王衣服卧具飲食湯
藥過七日已王命便終善見太子見父喪已
方生悔心雨行大臣復以種種惡耶之法而
為說之大王一切業行都无有罪何故今者
而生悔心耆婆復言大王當知如是業者罪
兼二種一者煞害父王二者煞須陁洹如是
罪者除佛更无能除滅者善見王言如来清

罪者除佛更无能除滅者善見王言如来清
淨无有穢濁我等罪人云何得見善男子我
知是事故告阿難過三月已吾當涅槃善見
聞已即來我所我為說法重罪得薄獲无根
信善男子我諸弟子聞是說已不解我意故
作是言如来定說畢竟涅槃善男子菩薩二
種一者實義二者假名假名菩薩聞我三月
當入涅槃皆生退心而作是言如其如来无
常不住我等何為為是事故无量世中受大
苦惱如来世尊成就具足无量功德尚不能
壞如是死魔況我等輩當能壞耶善男子是
故我為如是菩薩而作是言如来常住无有
變易善男子我諸弟子聞是說已不解我意

衆生身滅之後善惡之業无有受者我為是
人作如是言善惡果報實有受者云何知有
善男子過去之世拘尸那竭有王名曰善見
作童子時逕八万四千歲作太子時八万四
千歲及登王位之八万四千歲於獨處坐作
是思惟衆生薄福壽命短促常有四怨而
隨逐之不自覺知猶故放逸是故我當出

BD00678 沙彌戒文

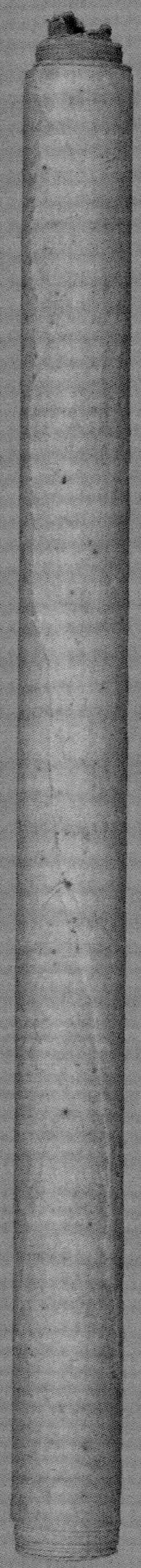

153cm × 27.7cm

大沙門名字三者大沙門侍失日
相逢當下道正住避之五者若見大沙門
戯時不得轉行說是名沙弥威儀法 沙弥事和上有十事一者當
早起二者欲入戶當前先三彈指三者具揚支澡水四
者當受袈裟却受履五者當掃地六者當擇被
枕拂武床席七者師出未還不得捨房中去師還
當俻取袈裟内攝之八者若有過和上阿闍梨教戒
不得還逆語九者當低頭受師語去當去當餘念行支十
者出戶當還遮戶閑之是為事和上法 事阿闍梨法沙
弥事師當早起具楊枝澡水有六事一者斷楊枝當隨擇數二
者當破頭三者當洗顏令淨四者當青故宿水五者當淨澡君
池六者當滿中水持入不得使有有惡筭有聲是為具楊枝

一切衆生起救護心不惜軀命　四者於忍辱中生決定心　五者於利養
不生貪著心　六者常念諸仏而不厭忌　七者於一切衆生尊重心除
我慢心　八者於世俗談論不味著　九者遠離憒鬧生清淨心
十者常念諸仏離一切相　仏說破三惡道仏呪南无仏陀耶　南无達摩
耶　南无僧伽耶　呬持陀　唵持陀　唵三藐三仏陀　唵呬持陀　唵呬
裏唯若薩婆訶

沙彌威儀一卷　依四分五分十誦律文

四分律云將出家者至僧伽藍中在眼見耳聞處作單白和僧羯磨
使大衆和聞為成問名羯磨白云大德僧聽是某甲從某求剃
髮若僧時到僧忍聽某甲剃頭白如是律中看僧和合者善
不介者房房語令知應先請和上具儀教云大德一心念我某甲請
大德為作和上願大德為我和上依大德故得剃髮出家慈愍故三說
請阿闍梨文亦准此應以諸事會明立出家儀式在於露地
香水灑地隨其大小周匝懸幡中安一座擬出家者復設二勝座擬

[illegible]
香水灑地隨其大小周迊懸幡中安一座擬出家者後設二勝座擬
二師坐欲出家者著本俗服拜辭父母訖跪說偈言流轉三界中
恩愛不能脫棄恩入无為真實報恩者乃脫俗服已上文出清信士度人經善見
律云以香湯洗除白衣氣仍著出家衣近得著法服僧祇
文未得著袈裟便入道場已上出度人經應來至和上前胡
跪合掌和上應生男女想不得生汙賤心弟子於師生父
母想和尚應為說人身難得佛法難聞父母聽許亦復甚
難出家人道此事甚難為說法已向阿闍梨前胡跪合掌
坐出善見律文　以香湯灌頂讚云　善哉大丈夫　能了世无常
捨俗趣泥洹　希有難思議　出家者跪說偈言　歸依大世尊
能度三有苦　亦願諸衆生　普入無為樂　向阿闍梨乃為剃
髮傍人為誦出家唄文　毀形守志節　割愛無所親　出家弘
聖道　願度一切人出家人經　與剃髮時當頂上留少許髮來至
[illegible]

大哉解脫服　无相福田衣　披奉如戒行　廣度諸衆生　行佛説
行遠　三遍説自度偈言　遇我值佛者　何人誰不喜　福願与
時會　我今獲利益　礼大衆及二師已在下坐受六親拜賀令出家
者離俗心故父母等皆為作礼抗其道意中前剃髮　已上出度人經
比丘母云剃髮著袈裟已並後受三歸五戒十戒等　五百問云二人得
度沙弥尼一人不合五分律十誦律云先与五戒後受十戒等善見律云
當礼僧足禮足已往闍梨所礼蹋跪合掌与受三歸應問遮難一同
僧法若有難者五戒等不發　我某甲歸依佛歸依法歸依僧我今
随佛出家某甲為和上如來至真等正覺是我世尊　三説　我某甲歸
依佛竟歸依法竟歸依僧竟我今随佛出家已某甲為和上如來
至真等正覺是我世尊　三説　次為説十戒　沙弥盡形受一不得煞生慈悲
衆生故是沙弥戒不得犯能持不　受者答言能　二者盡形受不得偷盗饑
益有情故是沙弥戒不得犯能持不　答言能　三者盡形受不得婬慾彼

衆生故是沙弥戒不得犯能持不言能　二者盡形受……
益有情故是沙弥戒不得犯能持不言能　三者盡形受不得婬慾彼
淨行故是沙弥戒不得犯能持不言能　四者盡形不得妄語離口過故
是沙弥戒不得犯能持不言能　五者盡形受不得飲酒食宍離愚癡
故是沙弥戒不得犯能持不言能　六者盡形受不得著花鬘瓔珞香
油塗身離服飾故是沙弥戒不得犯能持不能　七者盡形受不得歌
儛唱伎故往觀聽放逸故是沙弥戒不得犯能持不能　八者盡形受
不得坐高廣大床離矯慢故是沙弥戒不得犯能持不能　九者盡形
受不得非食為知足故是沙弥戒不得犯能持不能　十者盡形受
不得捉持生像金銀寶物離積聚故是沙弥戒不得犯能持不能已
上出四分律　沙弥安受十戒竟當供養三寶佛寶僧寶勤修三業誦經
生禪勤作衆事堅持禁戒防護身三口四意三等業勿令馳散精
勤修學謹慎莫放逸　入布薩堂説偈文　斂戒世尊在毗
舍離獼猴江邊樹園中為諸比丘説不淨行歎不淨觀因此制戒

二餘人　三煞心成就　四種種方便　五令前人死　盗戒世尊在王
捨城有居丘序種居迦　國境差別王舍城　有漏差別種居迦
若惱差別愛取　過失差別偷盗　制罪差別財物　具六緣
盗心相應被起念取人物　盗心相應被人識認　便教當是
勿離處所　六緣具足犯重不具偷蘭
婬戒世尊在毗離迦蘭鄉村須提子家富饒財寶持信堅故
出家學道　國境差別毗舍離　有漏差別提鄉　若惱差別
愛欲　過失差別不淨行　制罪差別男子女人　沙彌有五
一名字　相似　二相似　三自稱名　四破結使沙彌　五定住沙彌
名字者　俗稱僧名　相似者外道偷法假稱是　自稱者湯住
無和上　破結使者從依主四果　定住者定求沙門四果
四緣四種　堪忍　不壞　過男根得樂　緣具犯重不具偷蘭
妄戒世尊在毗舍離國獼猴江邊因五百漁師制戒　國境差

妄戒世尊在毗舍離國獼猴江邊因五百魚師制戒　國境差
別毗舍離　有漏差別五百魚師　煩惱差別讚名譽
過失差別上人法　制罪差別是我尊　因緣四種　一人實作上人
法　二為已　三向彼語　四前人會

沙彌戒文一卷

BD00679 大般若波羅蜜多經卷三五六

（唐）玄奘 譯

85.8cm × 25.7cm

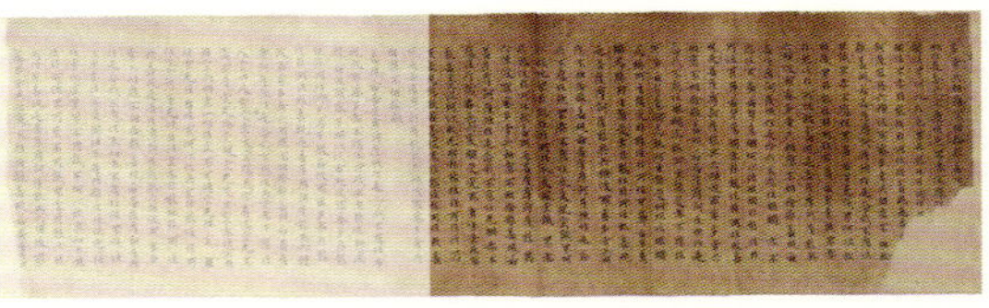

多常共相應不相捨離善現
恒作是念我不應住色界亦不應住
觸法界何以故色界非能住非所住
觸法界亦非能住非所住故善現是菩
訶薩能與六種波羅蜜多常共相應不相捨
離善現若菩薩摩訶薩恒作是念我不應住
眼識界亦不應住耳鼻舌身意識界何以故
眼識界非能住非所住耳鼻舌身意識界亦
非能住非所住故善現是菩薩摩訶薩能與
六種波羅蜜多常共相應不相捨離善現若
菩薩摩訶薩恒作是念我不應住眼觸亦不
應住耳鼻舌身意觸何以故眼觸非能住非
所住耳鼻舌身意觸亦非能住非所住故善

相應不相捨離善現若菩薩摩訶薩恒作是
念我不應住眼觸為緣所生諸受亦不應住
耳鼻舌身意觸為緣所生諸受何以故眼觸
為緣所生諸受非能住非所住耳鼻舌身意
觸為緣所生諸受亦非能住非所住故善現
是菩薩摩訶薩能與六種波羅蜜多常共相
應不相捨離善現若菩薩摩訶薩恒作是念
我不應住地界亦不應住水火風空識界何
以故地界非能住非所住水火風空識界亦
非能住非所住故善現是菩薩摩訶薩能與
六種波羅蜜多常共相應不相捨離善現若
菩薩摩訶薩恒作是念我不應住无明亦不
應住行識名色六處觸受愛取有生老死愁
歎苦憂惱何以故无明非能住非所住行乃
至老死愁歎苦憂惱亦非能住非所住故善

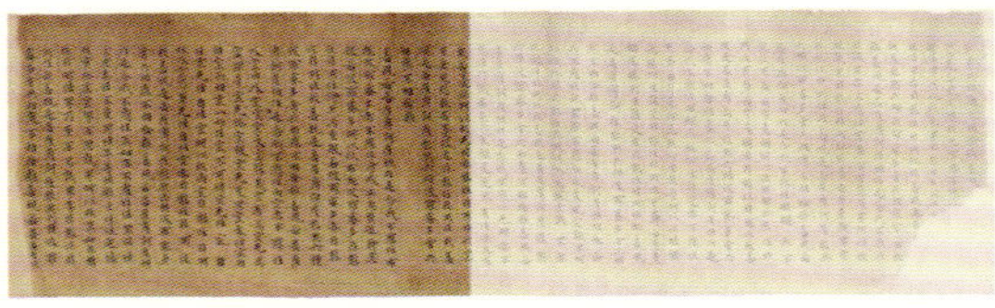

數若憂惱何以故无明非能住非所住行乃
至老死愁歎若憂惱亦非能住非所住故善
現是菩薩摩訶薩能與六種波羅蜜多常共
相應不相捨離
善現若菩薩摩訶薩恒作是念我不應住布
施波羅蜜多亦不應住淨戒安忍精進靜慮
般若波羅蜜多何以故布施波羅蜜多非能
住非所住淨戒乃至般若波羅蜜多亦非能
住非所住故善現是菩薩摩訶薩能與六種
波羅蜜多常共相應不相捨離 善現若菩薩
摩訶薩恒作是念我不應住內空亦不應住
外空內外空空空大空勝義空有為空无為
空畢竟空无際空散空无變異空本性空自
相空共相空一切法空不可得空无性空 自

住外[illegible]
故善現是菩薩摩訶薩能與六種波羅蜜多
常共相應不相捨離善現若菩薩摩訶薩恒
作是念我不應住真如亦不應住法界法性
不虛妄性不變異性平等性離生性法定法
住實際虛空界不思議界何以故真如非能
住非所法界乃至不思議界亦非能住非
所住故善現是菩薩摩訶薩能與六種波羅
蜜多常共相應不相捨離善現若菩薩摩訶

BD00680 無量壽宗要經（甲本）

220cm × 30.5cm

大乘无量壽經

如是我聞一時薄伽梵在舍衛國祇樹給孤獨園與大苾蒭僧千二百五十人大菩薩摩訶薩
衆俱尒時世尊告曼殊室利童子曼殊上方有界名无量功德聚彼土有佛
号无量智決定王如来 阿囉訶三藐三菩提現為衆生開示說法曼殊諦聽南閻浮提
人皆短壽大限百年於中夭枉橫死者衆曼殊如是无量壽如来功德名稱法要若有衆生
得聞名号若自書或使人書能為經卷受持讀誦若於舍宅所住之處以種種花鬘瓔珞塗香
末香而為供養如其命盡復得長壽滿足百歲如是曼殊若有衆生得聞是无量壽智決
定王如来一百八名号者益其長壽若有衆生大命將盡憶念是如来名号更得
增壽如是曼殊若有善男子善女人欲求長壽於是无量壽如来一百八名号有得
聞者或自書若使人書受持讀誦得如是等果報福德具足陁羅尼曰
南謨薄伽勃底一 阿波唎蜜哆二 阿喻紇硯那三 須毗你悉指陁四 囉佐耶五 怛他羯他六 怛姪他唵
薩婆桑悉迦羅八 波唎輸底九 達磨底十 伽迦那十一 莎訶具特迦底十二 薩婆婆毗輸底十三
摩訶娜耶十四 波唎婆囉莎訶十五
世尊復告曼殊室利如是如来一百八名号若有自書或使人書為經受持讀誦如壽命

世尊復告曼殊室利如是如來一百八名号若有自書或使人書為經受持讀誦如壽命
盡復滿百年壽終此身後得往生无量福智世界无量壽淨土陁羅尼曰
南謨薄伽勃底一阿波唎蜜多二阿俞紇硯娜三須毗你悉指陁四囉佐耶五怛他羯他耶六怛姪他唵七
薩婆桑悉迦囉八波唎輸底九達磨底十伽迦娜十一莎訶莫持迦底十二薩婆婆毗輸底十三
摩訶娜耶十四波唎婆婆莎訶十五　尒時有九十九姟佛等一時同聲説是无量壽宗要經陁羅尼曰
南謨薄伽勃底一阿波唎蜜多二阿俞紇硯三須毗你悉指陁四囉佐耶五怛他羯他耶六怛姪他唵七
薩婆桑悉迦囉八波唎輸底九達磨底十伽迦娜十一莎訶莫持迦底十二薩婆婆毗輸底十三
摩訶娜耶十四波唎婆婆莎訶十五
尒時復有一百四姟佛一時同聲説是无量壽宗要經陁羅尼曰
南謨薄伽勃底一阿波唎蜜多二阿俞紇硯娜三須毗你悉指陁四囉佐耶五怛他羯他耶六怛姪他
唵七薩婆桑悉迦囉八波唎輸底九達磨底十伽迦娜十一莎訶莫持迦底十二薩婆婆毗輸底
十三摩訶娜耶十四波唎婆婆莎訶十五
尒時復有七姟佛一時同聲説是无量壽宗要經陁羅尼曰
南謨薄伽勃底一阿波唎蜜多二阿俞紇硯娜三須毗你悉指陁四囉佐耶五怛他羯他耶六怛姪他唵
薩婆桑悉迦囉八波唎輸底九達磨底十伽迦娜十一莎訶莫持迦底十二薩婆婆毗輸底十三
摩訶娜耶十四波唎婆婆莎訶十五

薩婆桒悉迦囉八波剁輸底九達磨底十伽迦娜十一莎訶某特迦底十二薩婆婆毗輸底十三
摩訶娜耶十四波剁婆黳莎訶十五
尒時復有六十五姟佛一時同聲説是无量壽宗要經陁羅尼曰
南謨薄伽勃底一阿波剁蜜哆二阿爺紇硯娜三須毗你悉揞陁四囉佐耶五怛他羯他耶六怛姪
他唵七薩婆桒迦囉八波剁輸底九達磨底十伽迦娜十一莎訶某特迦底十二薩婆婆毗輸
底十三摩訶娜耶十四波剁婆黳莎訶十五
尒時復有五十五姟佛一時同聲説是无量壽宗要經陁羅尼曰
南謨薄伽勃底一阿波剁蜜哆二阿爺紇硯娜三須毗你悉揞陁四囉佐耶五怛他羯他耶六怛姪
唵七薩婆桒悉迦囉八波剁輸底九達磨底十伽迦娜十一莎訶某特迦底十二薩婆婆毗輸底
摩訶娜耶十四波剁婆黳莎訶十五
尒時復有四十五姟佛一時同聲説是无量壽宗要經陁羅尼曰
南謨薄伽勃底一阿波剁蜜哆二阿爺紇硯娜三須毗你悉揞陁四囉佐耶五怛他羯他耶六怛
姪他唵七薩婆桒迦囉八波剁輸底九達磨底十伽迦娜十一莎訶某特迦底十二薩婆婆毗輸底十三
摩訶娜耶十四波剁婆黳莎訶十五
尒時復有三十六姟佛一時同聲説是无量壽宗要經陁羅尼曰
南謨薄伽勃底一阿波剁蜜哆二阿爺紇硯娜三須毗你悉揞陁四囉佐耶五怛他羯他耶六怛姪他

南謨薄伽勃底一阿波唎蜜哆二阿喻紇硯娜三須毗你悲指陁四囉佐耶五怛他羯他耶六怛姪他
唵七薩婆桒悲迦囉八波唎輸底九達磨底十伽迦娜十一莎訶其特迦底十二薩婆婆毗輸底
十三摩訶娜耶十四波唎婆嚹莎訶十五
尒時復有二十五殑伽一時同聲說是无量壽宗要經陁羅尼曰
南謨薄伽勃底一阿波唎蜜哆二阿喻紇硯娜三須毗你悲指陁四囉佐耶五怛他羯他耶六怛姪他唵
薩婆桒悲迦囉八波唎輸底九達磨底十伽迦娜十一莎訶其特迦底十二薩婆婆毗輸底　十三
摩訶娜耶十四波唎婆嚹莎訶十五
尒時復有恒河沙殑伽一時同聲說是无量壽宗要經陁羅尼曰
南謨薄伽勃底一阿波唎蜜哆二阿喻紇硯娜三須毗你悲指陁四囉佐耶五怛他羯他耶六怛姪他
唵七薩婆桒悲迦囉八波唎輸底九莎喻紇硯娜三須毗你悲指陁四囉佐耶五怛他羯他耶六揑
達摩底十伽迦囉娜十一莎訶其特迦底十二薩婆婆毗輸底十三摩訶娜耶十四波唎婆嚹莎訶十五
善男子若有自書寫教人書寫是无量壽宗要經如其命盡復得長壽而滿年陁羅
尼曰南謨薄伽底一阿波唎蜜哆二阿喻紇硯娜三阿喻紇硯娜三須毗你悲指陁四囉佐耶五怛他
羯他耶六怛姪他唵七薩婆桒迦悲囉八波唎輸底九達磨底十伽迦娜十一薩訶其特迦底十二薩
婆毗輸底十三摩訶娜耶十四波唎婆嚹莎訶十五
若有自書寫教人書寫是无量壽宗要經讀誦受持畢竟不墮地獄在在所生得宿命

若有自書寫教人書寫是无量壽宗要經讀誦受持畢竟不墮地獄在在所生得宿命
智陁羅尼日 南謨薄伽勃底一阿波唎蜜哆二阿喻紇硯娜三須毗你悉指陁四囉佐耶五怛他
揭耶六怛姪他唵七薩婆桒悉迦囉八波唎輸底九達磨底十伽迦娜十一莎訶娑持迦底十二薩
婆婆毗輸底十三摩訶娜耶十四波唎婆羅莎訶十五

若有自書寫教人書寫是无量壽宗要經受持讀誦如同書寫八万四千一切經典陁羅
尼日 南謨薄伽勃底一阿波唎蜜哆二阿喻紇硯娜三須毗你悉指陁四囉佐耶五怛他揭他耶六怛姪
他唵七薩婆桒悉迦囉八波唎輸底九達磨底十伽迦娜十一莎訶娑持迦底十二薩婆婆毗輸底
十三摩訶娜耶十四波唎婆羅莎訶十五

若有自書寫教人書寫是无量壽宗要經即是書寫八万四千部建立塔廟陁羅尼日
南謨薄伽勃底一阿波唎蜜哆二阿喻紇硯娜三須毗你悉指陁四囉佐耶五怛他揭他耶六怛姪他
薩婆桒悉迦囉八波唎輸底九達磨底十伽迦娜十一莎訶娑持迦底十二薩婆婆毗輸底十三
摩訶娜耶十四波唎婆羅莎訶十五

若有自書寫教人書寫是无量壽宗要經能消五無間罪等陁羅尼日
南謨薄伽勃底一阿波唎蜜哆二阿喻紇硯娜三須毗你悉指陁四囉佐耶五怛他揭他耶六怛姪
他唵七薩婆桒悉迦囉八波唎輸底九達磨底十伽迦娜十一莎訶娑持迦底十二薩婆婆毗輸底
十三摩訶娜耶十四波唎婆羅莎訶十五

十三 摩訶娜耶十四 波唎婆囉莎訶 十五

若有自書寫教人書寫是无量壽宗要經受持讀誦設有重罪猶如須弥盡能除滅陁羅尼曰 南謨薄伽勃底一 阿波唎蜜哆二 阿瑜紇硯娜三 須毗你逝指陁四 囉佐耶五 怛他羯他耶六 怛姪他唵七 薩婆桑悉迦囉八 波唎輸底九 達磨底十 伽迦娜十一 莎訶其特迦底 十二 薩婆婆毗輸底十三 摩訶娜耶十四 波唎婆囉莎訶 十五

若有自書寫教人書寫是无量壽宗要經受持讀誦若魔魔之眷屬夜叉羅剎不得其便終无枉死陁羅尼曰 南謨薄伽勃底一 阿波唎蜜哆二 阿瑜紇硯娜三 須毗你逝指陁四 囉佐耶五 怛他羯他耶六 怛姪他唵七 薩婆桑悉迦囉八 波唎輸底九 達磨底十 伽迦娜十一 莎其特迦底十二 薩婆婆毗輸底十三 摩訶娜耶十四 波唎婆囉莎訶 十五

若有自書寫教人書寫是无量壽宗要經受持讀誦當命終時有九十九娜佛現其人前豪千佛授手能遊一切佛剎莫於此經生於疑惑陁羅尼曰

南謨薄伽勃底一 阿波唎蜜哆二 阿瑜紇硯娜三 須毗你陁四 囉佐耶五 怛他羯他耶六 怛姪他唵七 薩婆桑悉迦囉八 波唎輸底九 達磨底十 伽迦娜十一 莎訶其特迦底十二 薩婆婆毗輸底十三 摩訶娜耶十四 波唎婆囉莎訶 十五

若有自書寫教人書寫是无量壽宗要經受持讀誦常得四天大王隨其衛護陁羅尼曰

南謨薄伽勃底一 阿波唎蜜哆二 阿瑜紇硯娜三 須毗你逝指陁四 囉佐耶五 怛他羯他耶六 怛姪他唵七

南謨薄伽勅底一阿波唎蜜哆二阿俞紇硯娜三須毗你悉指陁四囉佐耶五怛他羯他耶六怛姪他唵七
薩婆桑悉迦囉八波唎輸底九達磨底十伽迦娜十一莎訶某特迦底十二薩婆婆毗輸底十三
摩訶娜耶十四波唎婆囉莎訶十五
若有自書寫教人書寫是无量壽宗要經受持讀誦當得往生西方極樂世界阿弥陁淨土
陁羅尼曰 南謨薄伽勅底一阿波唎蜜哆二阿俞紇硯娜三 須毗你悉指陁四囉佐耶五
怛他羯他耶六 怛姪他唵七 薩婆桑悉迦囉八波唎輸底九達磨底十伽迦娜十一莎訶某特迦底十二
薩婆婆毗輸底十三摩訶娜耶十四 波唎婆囉莎訶十五
若有方所自書寫使人書寫是无量壽經典之處則為是塔皆應恭敬作礼若是畜
生或為鳥獸得聞是經如是經等類皆當不久得成一切種智陁羅尼曰
南謨薄伽勅底一阿波唎蜜哆二阿俞紇硯娜三須毗你悉指陁四囉佐耶五怛他羯他耶六怛姪他唵
薩婆桑悉迦囉八波唎輸底九達磨底十伽迦娜十一莎訶某特迦底十二薩婆婆毗輸底十三
摩訶娜耶十四 波唎婆囉莎訶十五
若有於是无量壽經自書寫若使人書寫畢竟不受女人之身陁羅尼曰
南謨薄伽勅底一阿波唎蜜哆二阿俞紇硯娜三須毗你悉指陁四囉佐耶五怛他羯他耶六怛姪他唵
薩婆桑悉迦囉八波唎輸底九達磨底十伽迦娜十一莎訶某特迦底十二 薩婆婆毗輸底 十三
摩訶娜耶十四 波唎婆囉莎訶十五

摩訶娜耶十四 波唎婆簸𪽗莎訶十五
若有能於是經少分能惠施者等於三千大千世界滿中七寶布施陁羅尼曰
南謨薄伽勃底一 阿波唎蜜哆二 阿俞紇硯娜三 須毗你指陁四 囉佐耶五 怛他羯他耶六 怛姪他唵
薩婆桑悉迦囉八 波唎輸底九 達磨底十 伽迦娜十一 莎訶某特迦底十二 薩婆婆毗輸底十三
摩訶娜耶十四 波唎婆簸𪽗莎訶十五
若有能供養是經者則是供養一切諸經等无有異陁羅尼曰
南謨薄伽勃底一 阿波唎蜜哆二 阿俞紇硯娜三 須毗你悉指陁四 囉佐耶五 怛他羯他耶六 怛姪他唵七
薩婆桑悉迦囉八 波唎輸底九 達磨底十 伽迦娜十一 莎訶某特迦底十二 薩婆婆毗輸底十三
摩訶娜耶十四 波唎婆簸𪽗莎訶十五
如是毗婆尸佛 尸弃佛 毗舍浮佛 俱留孫佛 俱那含牟尼佛 迦葉佛 釋迦牟尼佛 若有
人以七寶供養如是七佛其福有限書寫受持是无量壽經典所有功德不可限量陁
羅尼曰 南謨薄伽勃底一 阿波唎蜜哆二 阿俞紇硯娜三 須毗你悉指陁四 囉佐耶五 怛他羯他耶六
怛姪他唵七 薩婆桑悉迦囉八 波唎輸底九 達磨底十 伽迦娜十一 莎訶某特迦底十二 薩婆婆毗輸
底十三 摩訶耶娜十四 波唎婆簸𪽗莎訶十五
若有七寶等於須弥以用布施其福上能知其限量是无量壽經典其福不可知數陁羅
尼曰 南謨薄伽勃底一 阿波唎蜜哆二 阿俞紇硯娜三 須毗你悉指陁四 囉佐耶五 怛他羯他耶六

尼曰 南謨薄伽勃底一阿波利蜜哆二阿俞紇硯娜三須毗你悉指陁四囉佐耶五怛他羯他耶六
怛姪他唵七薩婆桒悉迦囉八波利輸底九達磨底十伽迦娜十一莎訶某特迦底十二薩婆婆
毗輸底十三 摩訶娜耶十四 波利婆囉莎訶十五
如是四大海水可知滴數是无量壽經典所生果報不可數量陁羅尼曰
南謨薄伽勃底一阿波利蜜哆二阿俞紇硯娜三須毗你悉指陁四囉佐耶五怛他羯他耶六怛姪他唵
薩婆桒悉迦囉八波利輸底九達磨底十伽迦娜十一莎訶某特迦底十二薩婆婆毗輸底十三
摩訶娜耶十四 波利婆囉莎訶十五
若有人自書寫使人書寫是无壽經典又能護持供養即如恭敬供養一切十方佛土如來
无有別異陁羅尼曰 南謨薄伽勃底一阿波利蜜哆二阿俞紇硯娜三須毗你悉指陁四囉佐耶五
怛他羯他耶六怛姪他唵七薩婆桒悉迦囉八波利輸底九達磨底十伽迦娜十一莎訶某特迦底
十二薩婆婆毗輸底十三 摩訶娜耶十四 波利婆囉莎訶十五
布施力能成正覺 悟布施力人師子 布施力能聲普聞 慈悲階漸寂能入
持戒力能成正覺 悟持戒力人師子 持戒力能聲普聞 慈悲階漸寂能入
忍辱力能成正覺 悟忍辱力人師子 忍辱力能聲普聞 慈悲階漸寂能入
精進力能成正覺 悟精進力人師子 精進力聲普聞 慈悲階漸寂能入
禪定力能成正覺 悟禪定力人師子 禪定力聲普聞 慈悲階漸寂能入

禪定力能成正覺　悟禪定力人師子　禪定力聲普聞　慈悲階漸最能入

尒時如來説是經是經已一切世間天人阿脩羅揵闥婆等聞佛所説皆

大歡喜信受奉行

王宗

BD00681 大乘稻芉經

398.1cm × 27.5cm

薩俱尒時具壽舍利子往
訶薩經行之處到已共相
石上　　　　　　　　俱坐盤陁
是時具壽舍利子向弥勒菩薩摩訶薩作
如是言弥勒今日世尊觀見稻芉告諸比丘
作如是說諸比丘若見因緣彼即見法若見
於法即能見佛作是語已默然無言弥
勒善逝何故作如是說其事云何何者因
緣何者是法何者是佛云何見因緣即能
見法云何見法即能見佛作是語已弥勒菩
薩摩訶薩答具壽舍利子言今佛法王正
遍知告諸比丘若見因緣即能見法若見於
法即能見佛等此中何者是因緣言因緣者

緣識識緣名色名色緣六入六入緣觸觸緣受
受緣愛愛緣取取緣有有緣生生緣老死愁嘆
苦憂惱而得生起如是唯生純極大苦之聚
此中无明滅故行滅行滅故識滅識滅故名色
滅名色滅故六入滅六入滅故觸滅觸滅故受
滅受滅故愛滅愛滅故取滅取滅故有滅有滅
故生滅生滅故老死愁嘆苦憂惱得滅如是
唯滅純極大苦之聚此是世尊所說因緣之
法何者是法所謂八聖道支正見正思惟正語
正業正命正精進正念正定此是八聖道果及
涅槃世尊所說名之為法
何者是佛所謂知一切法者名之為佛以彼慧
眼及法身能見作菩提學无學故

眼及法身能見作菩提學无學故
云何見因緣如佛所説若能見因緣之法常
无壽離壽如實性无錯謬性无生无起无作
无爲无障㝵无境界寂靜无畏无侵奪不寂
靜相者是
若能如是於法亦見常无壽離壽如實性无
生无起无作无爲无障㝵无境界寂靜无畏
无侵奪不寂靜相者得正智故能悟勝法以
无上法身而見於佛
問曰何故名因緣 荅曰有因有緣名爲因緣
非无因无緣故是故名爲因緣之法世尊略説
因緣之相彼緣生果如來出現若不出現法性
常住乃至法性法住性法定性與因緣相應

此因緣法以其二種而得生起云何爲二所謂
因相應緣相應彼復有二謂內及外此中何者
是外因緣法因相應所謂從種生芽從芽生
葉從葉生莖從莖生節從節生穗從穗生花
從花生實若无有種芽即不生乃至若无有
花實亦不生有種芽生如是有花實亦得生
彼種亦不作是念我能生芽芽亦不作是
念我從種生乃至花亦不作是念我能生實
實亦不作是念我從花生雖然有種故而芽
得生如是有花故實即而能成就應如是觀
外因緣法因相應義
應云何觀外因緣法緣相應義謂六界和合
故以何六界和合所謂地水火風空時界等和

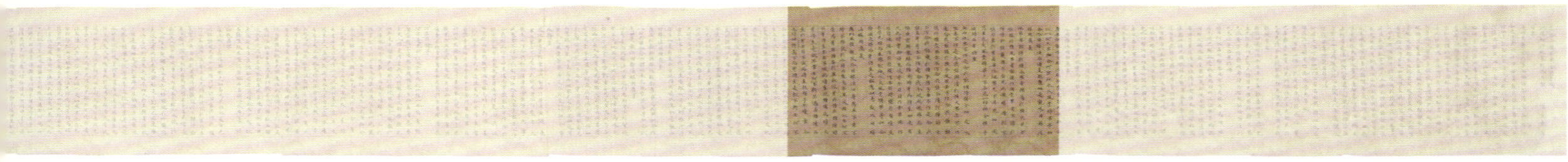

應云何觀外因緣法緣相應義謂六界和合
故以何六界和合所謂地水火風空時界等和
合外因緣法而得生起應如是觀外因緣法
緣相應義
地界者能持於種水界者潤漬於種火界者
能暖於種風界者動揺於種空界者不障於
種時則能變種子若无此衆緣種則不
能而生於芽若具外地界无不具足如是
乃至水火風空時等无不具足一切和合種子
滅時而芽得生
此中地界不作是念我能任持種子如是水
界亦不作是念我能潤漬於種火界亦不作
是念我能暖於種子風界亦不作念我能動
揺於種空界亦不作念我能不障於種時亦

雖然有此衆緣而種滅時芽即得生如是有
花之時實即得生彼芽亦非自作亦非他作
非自他俱作非自在作亦非時變非自性生
亦非无因而生雖然地水火風空時界等和合
種滅之時而芽得生是故應如是觀外因緣
法緣相應義
應以五種觀彼外因緣法何等為五不常不
斷不移從於小因而生大果與彼相似云何不
常為芽與種各別異故彼芽非種非種壞時
而芽得生亦非不滅而得生起種壞之時而
芽得生是故不常云何不斷非過去種壞而
生於芽亦非不滅而得生起種子亦壞當尒
之時如秤高下而芽得生是故不斷云何不

之時如秤高下而芽得生是故不斷云何不
移芽與種別芽非種故是故不移云何小因而
生大果從小種子而生大果是故從於小因而
生大果云何與彼相似如所植種生彼果故是故
與彼相似是以五種觀外因緣之法
如是內因緣法亦以二種而得生起云何為二所
謂因相應緣相應何者是內因緣法因相應
義所謂始從无明緣行乃至生緣老死若无明
不生行亦不有乃至若无有生老死非有如是
有无明故行乃得生乃至有生故老死得有无
明亦不作是念我能生行行亦不作念我從
无明而生乃至生亦不作是念我能生於老死
老死亦不作念我從生有雖然有无明故行乃

因緣法因相應義
應云何觀內因緣法緣相應事為六界和合故
以何六界和合所謂地水火風空識界等和合故
應如是觀內因緣法緣相應事
何者是內因緣法地界之相為此身中作堅硬
者名為地界為令此身而聚集者名為水界
能消身所食飲嚼噉者名為火界為此身中
作內外出入息者名為風界為此身中作虛通
者名為空界五識身相應及有漏意識猶如
束蘆能成就此身名色芽者名為識界若無
此眾緣身則不生若內地界無不具足如是乃
至水火風空識界等無不具足一切和合身
即得生
彼地界亦不作是念我能而作身中堅硬之
事水界亦不作是念我能為身而作聚集火

彼地界亦不作是念我能而作身中堅硬之
事水界亦不作是念我能為身而作聚集火
界亦不作念我能而消身所食飲噉之事
風界亦不作念我能作內外出入息空界亦不作
念我能而作身中虛通之事識界亦不作念我
能成就此身名色之芽身亦不作是念我從
此衆緣而生雖然有此衆緣之時身即得生
彼地界亦非是我非是衆生非命者非生者
非儒童非作者非男非女非黃門非自在非
我所亦非餘等如是乃至水界火界風界空界
識界亦非是我非是衆生非命者非生者非
儒童非作者非男非女非黃門非自在非我
所亦非餘等

士夫人儒童作者我我所想等及餘種種无
知此是无明有无明故於諸境界起貪瞋癡於
諸境界起貪瞋癡者此是无明緣行而於
諸事能了别者名之為識與識俱生四取蘊
者此是名色依名色諸根名為六入三法和合
名之為觸覺受觸者名之為受於受貪著
名之為愛增長愛者名之為取從取而生能
生業者名之為有而從彼因所生之蘊名之
為生生已蘊成熟者名之為老老已蘊滅壞
者名之為死臨終之時內具貪著及熱惱者
名之為愁從愁而生諸言辭者名之為嘆五
識身受苦者名之為苦作意意識受諸苦
者名之為憂具如是等及隨煩惱者名之為

BD00681　大乘稻芉經

者名之為憂具如是等及隨煩惱者名之為
惱大黑闇故故名无明造作故名諸行了別故名
識相依故名名色為生門故名六入觸故名觸
受故名受渴故名愛取故名取生後有故名有
生蘊故名生蘊熟故名老蘊壞故名死愁故
名愁嘆故名嘆惱身故名苦惱心故名憂煩
惱故名惱
復次不了真性顛倒无知名為无明如是有无
明故能成三行所謂福行罪行不動行從於福
行而生福行識者此是无明緣行從於罪行而
生罪行識者此則名為行緣識從於不動行而
生不動行識者此則名為識緣名色名色增長
故從六入門中能成事者此是名色緣六入從於

著染者此則名為受緣愛知已而生樂著染故
不欲遠離好色及於安樂而生願樂者此是愛
緣取生願樂已從身口意造後有業者此是
取緣有從於彼業所生蘊者此是有緣生生已
諸蘊成熟及滅壞者此則名為生緣老死是故
彼因緣十二支法互相為因互相為緣非常非无
常非有為非无為非无因非无緣非有受非盡
法非壞法非滅法從无始已來如暴流水而无
斷絕雖然此因緣十二支法互相為因互相為緣
非常非无常非有為非无為非无因非无緣非有受
非盡法非壞法非滅法從无始已來如暴流水而
无斷絕有其四支能攝十二因緣之法云何為四
所謂无明愛業識識者以種子性為因業者以

无斷絕有其四支能攝十二因緣之法云何為四
所謂无明愛業識識者以種子性為因業者以
田性為因无明及愛以煩惱性為因此中業及煩
惱能生種子之識業則能作種子識田愛則能
潤種子之識无明能殖種子之識若无此衆緣
種子之識而不能成
彼業亦不作念我今能作種子識田愛亦不作
念我能潤於種子之識无明亦不作念我今能
殖種子之識彼種子識亦不作念我今從此衆
緣而生雖然種子之識依彼業田及愛所潤无
明糞壤所生之處入於母胎能生名色之芽
彼名色芽亦非自作亦非他作非自他俱作
非自在化亦非時變非自性生非假作者亦非
无因而生雖然父母和合時及餘緣和合之時无

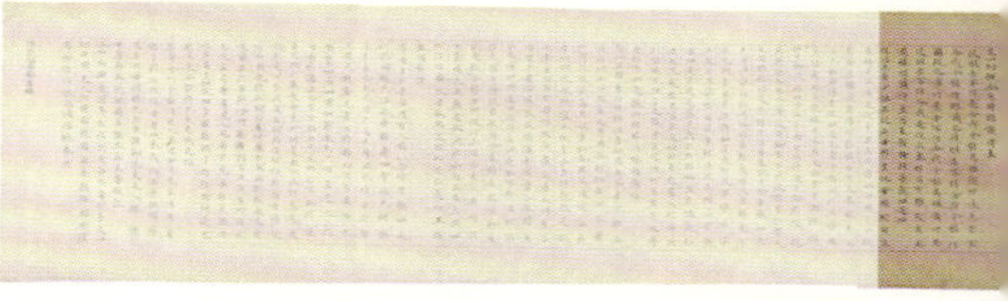

受種子之識名色之芽
復次眼識生時若具五緣而則得生云何為五
所謂依眼色明空依作意故眼識得生此中
眼則能作眼識所依色則能作眼識之境明
則能為顯現之事空則能為不鄣之事作意
能為思想之事若无此衆緣眼識不生若內
入眼无不具是如是乃至色明空作意无不具
足一切和合之時眼識得生
彼眼亦不作是念我今能為眼識所依色亦不
念我今能作眼識之境明亦不作念我今能作
顯現之事作意亦不作念我今能為眼識所思
彼眼亦不作念我是從此衆緣而有雖然有此
衆緣眼識得生乃至諸餘根等應如是知
復次无有少法而從此世移至他世雖然因及

衆緣眼識得生乃至諸餘根等應如是知
復次无有少法而從此世移至他世雖然因及
衆緣无不具足故業果亦現譬如明鏡之中現
其面像雖彼面像不移鏡中因及衆緣无不
具足故面像亦現如是无有少許從於此識生
其餘處因及衆緣无不具足故業果亦現譬
如月輪從此四万二千由旬而行彼月輪形像現
其有水小器中者彼月輪亦不從彼移至於有水
之器雖然因及衆緣无不具足故月輪亦現如是
无有少許從於此滅而生餘處因及衆緣无不
具足故業果亦現譬如其火因及衆緣若不
具足而不能燃因及衆緣具足之時乃可得
燃如是无我之法无我我所猶如虛空假彼幻
法因及衆緣无不具足故所生之處入於母胎

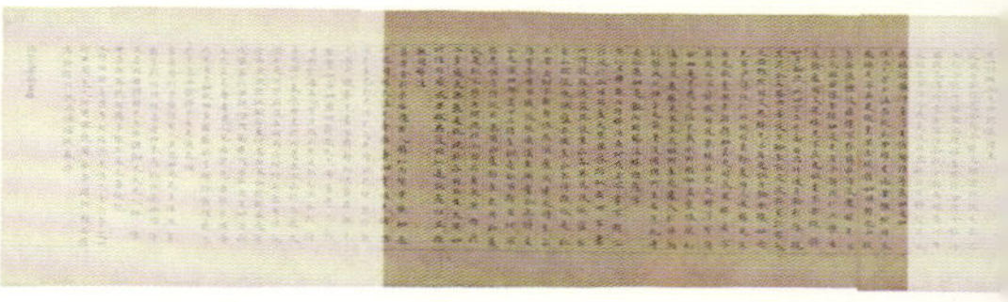

應以五種觀内因緣法云何為五不常不斷不
移從於小因而生大果與彼相似云何不常
所謂彼後滅蘊與彼生分各異為後滅蘊非
生分故彼後滅蘊亦滅生分亦得現故是故
不常云何不斷非依後滅蘊滅壞之時生分
得有亦非不滅彼後滅蘊亦滅當尒之時生
分之蘊如秤高下而得生故是故不斷云何不
移為諸有情從非衆同分處能生衆同分處
故是故不移云何從於小因而生大果作於
小業感大異熟是故從於小因而生大果如
所作因感彼果故與彼相似是故應以五種
觀因緣法
尊者舍利子若復有人能以正智常觀如来
所説因緣之法無壽離壽如實生無錯謬

尊者舍利子若復有人能以正智常觀如來
所説因緣之法无壽離壽如實性无錯謬
性无生无起无作无為无障礙无境界寂靜
无畏无侵奪无盡不寂靜相不有虛誑无
堅實如病如癰如箭過失无常苦空无我
者我於過去而有生耶而无生耶而不分別過
去之際於未來世生於何處亦不分別未來之
際此是何耶此復云何而作何物此諸有情從
何而來從於此滅而生何處亦不分別現在之有
復能滅於世間沙門婆羅門不同諸見所謂我
見衆生見壽者見人見希有見吉祥見開合
之見善了知故如多羅樹明了斷除諸根截已
於未來世證得无生无滅之法
尊者舍利子若復有人具足如是无生法忍善

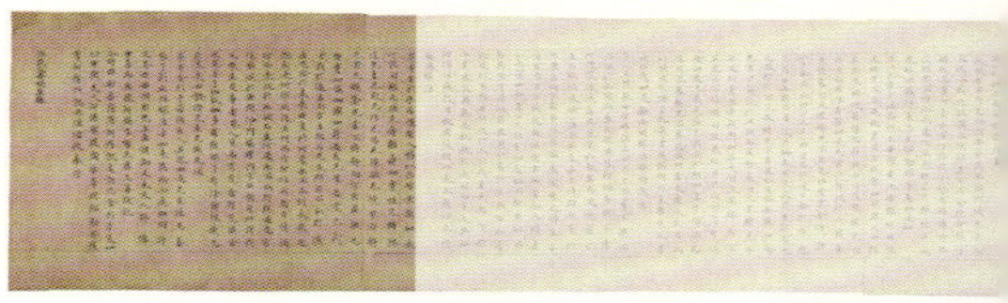

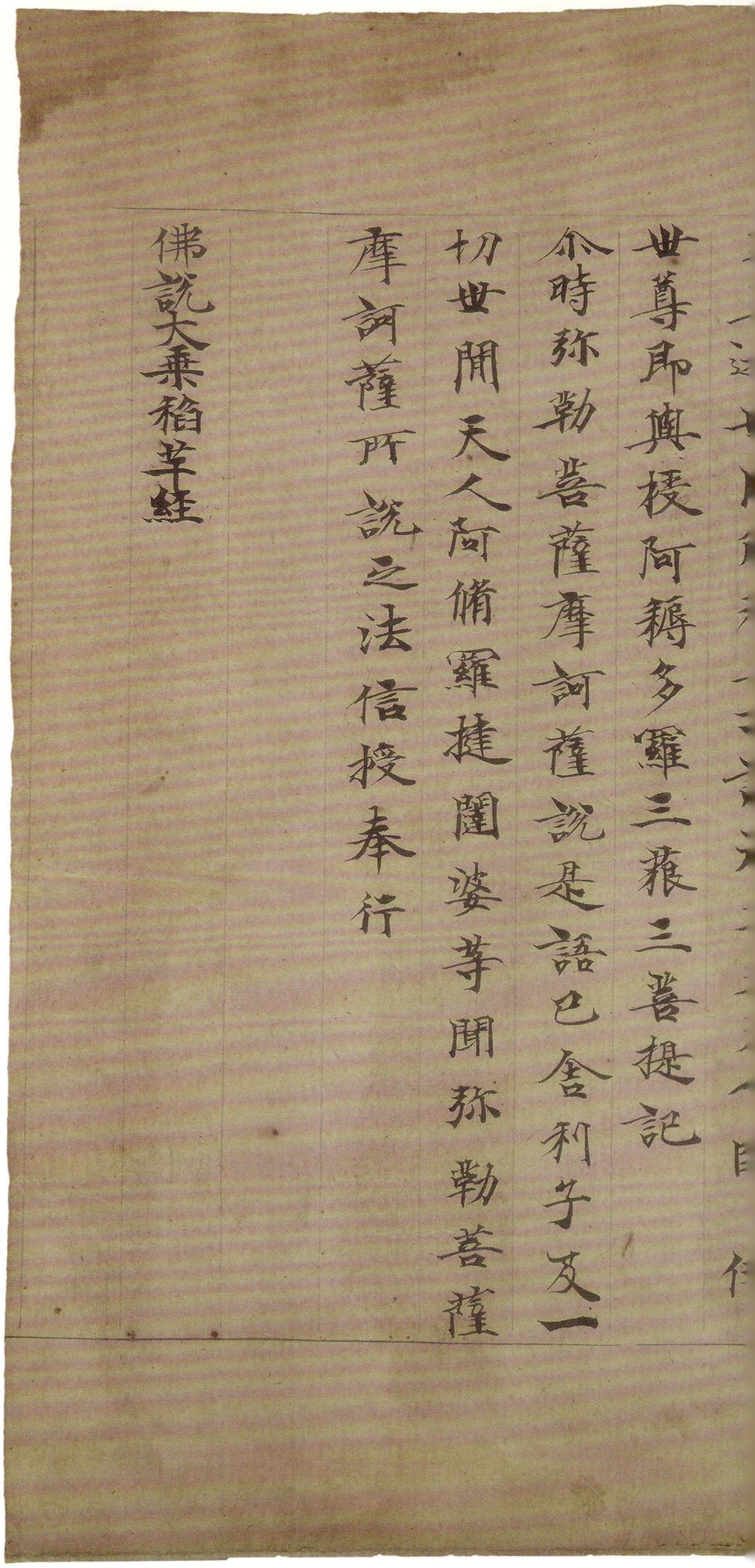
世尊即與授阿耨多羅三藐三菩提記
尒時彌勒菩薩摩訶薩說是語已舍利子及一
切世間天人阿脩羅揵闥婆等聞彌勒菩薩
摩訶薩所說之法信授奉行
佛說大乘稻芉經

BD00682

妙法蓮華經卷五

（後秦）鳩摩羅什 譯

147.2cm×25.7cm

苐三法如是　智者應守護　一心安樂行　无量衆所敬
又文殊師利菩薩摩訶薩於後末世法欲滅
時有持法華経者於在家出家人中生大慈
心於非菩薩人中生大悲心應作是念如是
之人則爲大失如来方便隨宜說法不聞不
知不覺不問不信不解其人雖不問不信不
解是経我得阿耨多羅三藐三菩提時隨在
何地以神通力智慧力引之令得住是法中
文殊師利是菩薩摩訶薩於如来滅後有成
就此苐四法者說是法時无有過失常爲比
丘比丘尼優婆塞優婆夷國王王子大臣人
民婆羅門居士等供養恭敬尊重讚歎虛空

故而衛護之能令聽者皆得歡喜所以者何
此経是一切過去未来現在諸佛神力所護
故文殊師利是法華経於无量國中乃至名
字不可得聞何况得見受持讀誦文殊師利
辟如强力轉輪聖王欲以威勢降伏諸國而
諸小王不順其命時轉輪王起種種兵而往
討伐王見兵衆戰有功者即大歡喜随功賞
賜或與田宅聚落城邑或與衣服嚴身之具
或與種種珎寶金銀瑠璃車璖馬瑙珊瑚虎
珀象馬車乘奴婢人民唯髻中明珠不以與
之所以者何獨王頂上有此一珠若以與之
王諸眷屬必大驚恠文殊師利如来亦復如
是以禪定智慧力得法國土王於三界而諸

是以禪定智慧力得法國土王於三界而諸
魔王不肯順伏如来賢聖諸將與之共戰其
有功者心亦歡喜於四衆中爲説諸經令其
心悦賜以禪定解脱无漏根力諸法之財又
復賜與涅槃之城言得滅度引導其心令皆
歡喜而不爲説是法華經文殊師利如轉輪
王見諸兵衆有大功者心甚歡喜以此難信
之珠久在髻中不妄與人而今與之如来亦
復如是於三界中爲大法王以法教化一切
衆生見賢聖軍與五陰魔煩惱魔死魔共戰
有大功動滅三毒出三界破魔網尒時如来
亦大歡喜此法華經能令衆生至一切智一
切世間多怨難信先所未説而今説之文殊
師利此法華經是諸如来第一之説於諸説

明珠令乃與之文殊師利此法華經諸佛如
来秘密之藏於諸經中最在其上長夜守護
不妄宣說始於今日乃與汝等而敷演之尒
時世尊欲重宣此義而說偈言
常行忍辱　哀愍一切　乃能演說　佛所讚經
後末世時　持此經者　於家出家　及非菩薩
應生慈悲　斯等不聞　不信是經　則為大失
我得佛道　以諸方便　為說此法　令住其中
譬如強力　轉輪之王　兵戰有功　賞賜諸物
象馬車乘　嚴身之具　及諸田宅　聚落城邑
或與衣服　種種珍寶　奴婢財物　歡喜賜與
如有勇健　能為難事　王解髻中　明珠賜之
如来亦尒　為諸法王　忍辱大力　智慧寶藏

如來亦尒　為諸法王　忍辱大力　智慧寶藏
以大慈悲　如法化世　見一切人　受諸苦惱
欲求解脫　與諸魔戰　為是衆生　說種種法
以大方便　說此諸經　既知衆生　得其力已
末後乃為　說是法華　如王解髻　明珠與之
此經為尊　衆經中上　我常守護　不妄開示
今正是時　為汝等說　我滅度後　求佛道者
欲得安隱　演說斯經　應當親近　如是四法
讀是經者　常无憂惱　又无病痛　顏色鮮白
不生貧窮　卑賤醜陋　衆生樂見　如慕賢聖
天諸童子　以為給使　刀杖不加　毒不能害
若人惡罵　口則閉塞　遊行无畏　如師子王
智慧光明　如日之照　若於夢中　但見妙事
見諸如來　坐師子座　諸比丘衆　圍遶說法

又見龍神 阿修羅等 數如恒沙 恭敬合掌
自見其身 而為說法 又見諸佛 身相金色
放无量光 照於一切 以梵音聲 演說諸法
佛為四衆 說无上法 見身處中 合掌讚佛
聞法歡喜 而為供養 得陁羅尼 證不退智
佛知其心 深入佛道 即為授記 成㝡正覺
汝善男子 當於來世 得无量智 佛之大道
國土嚴淨 廣大无比 亦有四衆 合掌聽法
又見自身 在山林中 脩習善法 證諸實相
深入禪定 見十方佛
諸佛身金色 百福相莊嚴 聞法為人說 常有是好夢
又夢作國王 捨宮殿眷屬 及上妙五欲 行詣於道場
在菩提樹下 而處師子座 求道過七日 得諸佛之智
成无上道已 起而轉法輪 為四衆說法 經千万億劫

成无上道已　起而轉法輪　為四衆說法　經千万億劫
說无漏妙法　度无量衆生　後當入涅槃　如烟盡燈滅
若後惡世中　說是第一法　是人得大利　如上諸功德

妙法蓮華經從地踊出品第十五

BD00683 賢劫經（十三卷本）卷八

（西晋）竺法護 譯

261.4cm × 27cm

無
消衆失眼耳鼻口身心所
精進以建立道欲度衆生除□
无是曰一心若至脫門生死已盡慧
是曰智慧是爲六弟三無畏何謂内應等法
無能廢意弟四無畏度無極有六事其内正
法得三昧定無能起心令不安者自然始盡
是曰布施其無無所生亦莫能盡持智慧法是
曰持戒消于無常一切法空解道爲常是曰
忍辱所謂内事無能蔽者以盡有罪之大是
曰精進無能罣礙盡不成就皆使成辨是曰
一心所以聖明一切自然無能蔽礙佛道至
深能一切決濡労中庯決了明達衆生之根

心不有恨是曰布施其心平等欲度衆生生
老病死未曾偏黨是曰持戒若於衆生常行
守法以仁報之可悅得安是曰忍辱往來周
旋每濟衆生勤苦之患是曰精進隨其所好
上中下行而開化之是曰一心遊於三界終
始無量度生死厄是曰智慧是為六何謂眼
清淨度無極有六事若能清澄塗種水種心
如地種而不可動洒除心垢由如水也是曰
布施其能建立火種風種燒盡衆惡是曰持
戒設燒生死令無有餘瑕穢悉消不抱瞋恨
是曰忍辱目之所覩無所不見光明遠炤是
曰精進所行服勤見一切無心念是非是曰
一心所覩十方絙然無邊所濟無猒是曰智
慧是為六可謂天眼清淨度無極有六事其

慧是為六何謂天眼清淨度無極有六事其
以天眼見諸色身端正好醜長短廣狹白黑
肥瘦而往化之是曰布施知其身行名字心
性身所生去見身往來周旋之處是曰持戒
觀其身行分別是非合散成敗是曰忍辱察
天地壞復還合成生天人物是曰精進若見
報應罪福善惡道俗明冥曰一心見諸次
第遠近深淺空無相願度三脫門是曰智慧
是為六何謂慧眼度無極有六事以成慧眼
普見一切其諸衆生根本始原所從生矣是
曰布施以能成就大得解脫無有衆結是曰
持戒既有所獲建立其心在於道義是曰忍
辱所致堅強建立遍觀於十方悉亦了了是

窮是曰智慧是為六何謂法眼清淨度無極
有六事若能大得諸佛之法十八不共是曰
布施自身致斯佛十八法往濟惡趣十八若
毒是持戒所觀因緣品第高下深淺微細
是曰忍辱以觀一切三界所有本悉自然是
曰精進憶識本末應病與藥以治三病是曰
一心所見不虛不為愚觀空然開化一切衆
人是曰智慧是為六何謂佛眼清淨度無極
有六事以佛眼見無所罣礙寤不覺者是曰
布施所察愍傷一切衆生三苦之惱是曰持
戒度脫衆生不違諸難永得久安是曰忍辱
所視無量玄遠無底不可為喻是曰精進觀
其根本若枝葉果已熟欲落而歛捉之是曰

其根本若枝葉果已熟欲落而歛捝之是曰
一心見本末然從緣而起以了本無則無所
生是曰智慧是為六何謂自在度無極有六
事若得由己作行究竟而不中止是曰布施
所行到處輒得所願不違要誓是曰持戒自
在立行建得無想放諸所著是曰忍辱仁和
柔順分別以解於一切慧是曰精進一切皆
盡慧不可盡是曰一心解一切法明慧聖要
化諸不還是曰智慧是為六何謂娛樂度無
極有六事所施與者離手希望猶如虛空化
五百蓋覆比丘衆若梵志聚名曰頭那井中
水泉自然甘美是曰布施若入城理人民普
安箜篌樂器不鼓自鳴是曰持戒諸根不具

[illegible]
衆人是曰精進在維耶離城城中內外各變
化八萬四千諸佛身形是曰一心彼時因隨
為八部衆班宣經道各使得解是曰智慧是
為六何謂難得自歸度無極有六事威儀礼
節安然詳序功德其廣能攝受空是曰布施
以能曉了諸佛世尊至德玄遠難不可當是
曰持戒所行堅强方便隨時不失其節志願
無違應病與藥而開化之將護衆業能化妻
妣捉在手中以至誠故永無所畏用神足呪
故不以為難是曰忍辱如目揵連疾解化魔
佛與其俱度彼土衆不自覺爻還在祇樹桒
鉢中水旦汙佛地是曰精進如佛弟子舍利
弗言一時須臾有卅九心起為生死業佛言
不可計是曰一心如佛言曰時有一戒其中

不可計是日一心如佛言日時有一城其中
衆人而有重罪不計道法誹謗高德如来至
真於一夜半為説經典棄其重罪精進暢達
得六神通日智慧是為六

十八不共品第十七

佛告善王菩薩何謂十八不共諸佛之法事
有十八何謂無毀滅度極有六事應時開
導具足德行令無缺失是曰布施若除伴黨
不偏所為為無有失是曰持戒所説至要言
無有失身口心寂是曰忍辱應其果報不違
本旨從始發意至道無二是曰精進從其誓
願各使得所不違大要是曰一心至心解脱
門長獲入安隱無有衆難是曰智慧是為六

見去来念常清淨所行無穢是曰持戒不懷
害心向於他人恒抱仁慈是曰忍辱隨其人
心欲有所好而為解說便令喜悅是曰精進
為無等倫宣布微妙油蜜甘露加之於人心
使悅豫是曰一心若為班宣消除衆結狐疑
羅網以自纏縛是曰智慧是為六何謂無蓋
志度無極有六事其心放捨切德無斷自然
定矣是曰布施以一切德勸助其意使發道
心是曰持戒所行無邊導脩至義永無罪殃
是曰忍辱逮得一切衆得之行去真之法是
曰精進常識三世去来今事未曾忽忘是曰
一心回其樹生寂然長大諦念道法不以失
本是曰智慧是為六何謂心定度無極有六
事所去平等心無所生興隆道法是曰布施

大是曰知慧六度何謂心安度無極大
事所去平等心無所生與隆道法是曰布施
所可宣揚依因遊居不失道法是曰持戒其
所依倚以法開化多所喜悅是曰忍辱 其所
奉六度無極正真之道皆為他人曰精進
自攝其心以恩濟人而開導之是曰一心一
切隨時而其所願行無底各令悅豫是曰
智慧是為六何謂觀察無為度無極有人而
所願已成吉如怡怕是曰布施依仰於人而
察然安是曰持戒行其愍哀察護諸業猶如
道場是曰忍辱一切菩護三界眾生亦以道
心所行無邊是曰精進所可將養而為一切
愚或之眾宣暢正法是曰一心雖為說法化
身口意令無所犯不著三界是曰智慧是為
[illegible]

顯道德不離正真是曰持戒若以無意不為
思想常一定意是曰忍辱未曾毀犯彼已性
行護身一切是曰精進勤脩應行解知其時
不失聖節是曰一心皆能達暢五趣生死往
來周旋一切根原是曰智慧是為六何謂所
樂度無極有六事若心念樂自護其心愍傷
他人是曰布施設使心思往古今世愍念己
身以哀一切是曰持戒若復喜樂講說經典
不為俗業是曰忍辱常用隨時一切至樂無
上正真是曰精進假使好憙佛法聖衆斷衆
愛欲不善之行是曰一心若除諸耶九十六
種志甘道法是曰智慧是為六何謂不失精
進度無極有六事所造勤脩奉行道法德不
損進一切脩慧是曰布施若以心究竟念一

進度無極有六事所造勤脩奉行道法德不
損秏一切備悲是曰布施若以心慨哀念一
切不以害心向於他人布施精進是曰持戒
若訓誨時亦以道法悉能堪受是曰忍辱若
以法明所觀一切無所傷害是曰精進一切
所講乃說其本識其宿命乃了無際是曰一
心所解義理不可限量是曰智慧是為六

賢劫經卷弟八

BD00684 大智度論卷六四

龍樹 造

（後秦）鳩摩羅什 譯

482cm × 24cm

般若波羅蜜无所作者
无作者不能斷諸煩惱不能循習諸善法此
中佛說因緣從作者乃至一切法不可得故
知者尚无何況作者須菩提言若无作者般
若波羅蜜无所能作應云何行云何得般若
波羅蜜佛言若菩薩不行一切法不得一切
法所謂若常无常乃至若淨若不淨是名行
般若波羅蜜一切法者從色乃至一切種智
是菩薩行法是法中无智人行諸法常等智
人行諸法无常等是般若波羅蜜亦諸法畢
竟實相故不說諸无常无常等唯能破常等
顛倒般若中不受是法以能生著心故思惟
籌量求常无常相不可得定實閱日色等罪
法可觀不淨苦餘善法云何觀不淨苦答曰

樂悅可着以爲淨樂歡德不喜者以爲不淨
苦須菩提作是念若離諸觀法着將无不具足
足菩薩道耶是故佛說若不行色等不具足
是行般若波羅蜜色具足者有人言色等法
中常无常等憶想分別是名具足不具足者
是中用无常等觀破常等是名不具足少常
等故令於色中亦不行无常等是故不言行
色不具足是爲行般若波羅蜜復次有人言
具足者謂補處菩薩能如色實觀乃至一切
種智是名具足餘者是不具足若菩薩不行
色等不具足者即是行具足般若何以故色
不具足是則非色色非无常相故佛言出衆生
於常中着无所有中隨語言音聲故是故說
如是實清淨亦不行是爲行般若波羅蜜善

如是實清淨亦不行是為行般若波羅蜜善
說道非道故須菩提言希有尋者是非道无
尋者是道佛觀衆會心多迴向空知般若波
羅蜜无尋相是故說不行色等无尋是行般
若能如是行者於色等法无尋須菩提唯不
能究盡知畢竟空理而常樂說是法希有与
一切世間法相違佛可須菩提所說若不說
无增无減是諸法實相若以身業毀壞亦不
能令異何況口說常不生相故辟如虛空虛
空是般若波羅蜜凡人是行者行者離罪業
因緣生是虛誑法般若波羅蜜合故无有異
如種種諸色到須彌山邊同為金色是諸法
實相不可知不可說故若說不說如本不異
尒時須菩提作是念若諸法畢竟空无所有
如是[illegible]

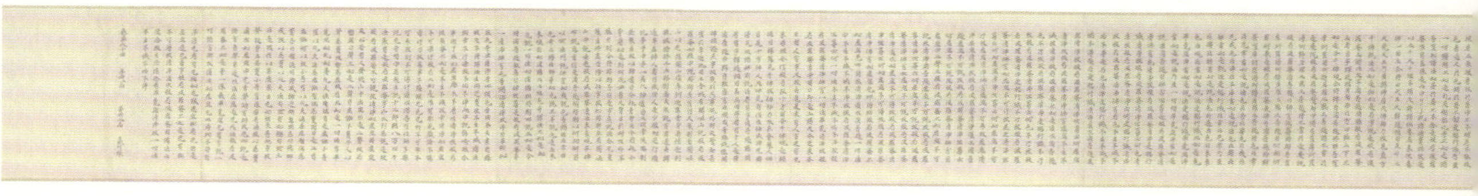

言諸菩薩所爲甚難能爲難事故應礼拜謂
能大誓莊嚴故須菩提常有心說是菩薩摩
訶薩爲阿耨多羅三藐三菩提大誓莊嚴一
切天人皆應礼拜問曰云何知是大誓莊嚴
荅曰須菩提此中自說譬如有人爲虛空故
懃行精進利益故大誓莊嚴菩薩爲利益衆
生懃精進亦如是世尊若有人欲度虛空菩
薩摩訶薩欲度衆生亦如是問曰一事何以
再說荅曰利益者未得涅槃但令得智慧禪
定等今世後世樂欲度者令得漏盡成三
乘道入无餘涅槃如虛空无生无滅无苦无
樂无脫无縛无所有故衆生亦如是是故說
世尊爲度虛空等衆生故大誓莊嚴如虛空
无色无形若有欲舉虛空是爲難衆生亦如

BD00684　大智度論卷六四

[illegible]
无色无形若有欲舉虛空是爲難衆法亦如
是畢竟空而菩薩欲舉三界衆生著涅槃中
是故大菩薩應徹須菩提復讃是菩薩大精進
力不隨耶疑心故唯未得佛道未滅諸結而
能大勇猛能如是行菩薩道爲衆生衆生亦
空譬以種種綵色欲畫虛空此中佛說衆生
空因緣所謂十方如恒河沙諸佛以神通力
爲衆生无量劫說法一一佛度无量阿僧祇
衆生入涅槃假令如是於衆生无所減少若
實有衆生實有減少者諸佛應有減衆生罪
若衆生實空和合因緣有假名衆生故无有
定相是故尒所佛度衆生實无有減少若不
度亦不增是故諸佛无減衆生咎是故說菩
薩欲度衆生爲欲度虛空尒時一比丘聞畢
[illegible]

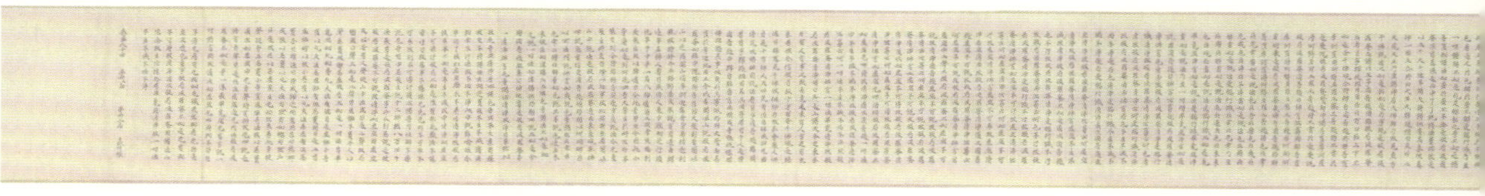

釋提桓因語須菩提若菩薩摩訶薩習般若
波羅蜜爲習何法須菩提語釋提桓因言憍
尸迦是菩薩摩訶薩習般若波羅蜜爲習空
釋提桓因白佛言世尊若善男子善女人受
持般若波羅蜜親近誦説正憶念我當作何
等護尒時須菩提語釋提桓因言憍尸迦汝
頗見是法可守護者不釋提桓因言不也須
菩提我不見是法可守護者須菩提言憍尸
迦若善男子善女人如般若波羅蜜中所説
即是守護所謂不遠離如所説般若波羅蜜
行是善男子善女人若人若非人不得其便
當知是善男子善女人不遠離般若波羅蜜
憍尸迦若人守護行般若波羅蜜菩薩爲欲
護虛空憍尸迦於意云何汝能護夢炎影響

憍尸迦若人欲守護行般若波羅蜜菩薩為欲
護虛空憍尸迦於意云何汝能護夢炎影響
幻化不釋提桓因言不能護若人欲護行般
若波羅蜜諸菩薩摩訶薩亦如是徒自疲苦
憍尸迦於汝意云何能護佛所化不釋提桓
因言不能護若人欲護行般若波羅蜜諸菩
薩摩訶薩亦如是憍尸迦於汝意云何能護
法性實際如不可思議性不釋提桓因言不
能護若人欲護行般若波羅蜜諸菩薩摩訶
薩亦如是尒時釋提桓因問須菩提云何菩
薩摩訶薩行般若波羅蜜知見諸法如夢如
炎如影響如幻如化諸菩薩摩訶薩如所知
見故不念夢不念是夢不念用夢不念我夢
炎影響幻化亦如是須菩提言憍尸迦若菩
薩摩訶薩行般若波羅蜜不念色不念是色

之不念化不念是化不念用化不念我化受
想行識之如是乃至一切智不念一切智不
念是一切智不念用一切智不念我一切智
是菩薩摩訶薩之能不念夢不念是夢不念
用夢不念我夢乃至化之如是憍尸迦菩薩
摩訶薩知諸法如夢如炎如影如嚮如幻如
化尒時佛神力故三千大千世界中諸四天
王天卅三天夜摩天兜率陁天化樂天他化
自在天梵身天梵輔天梵衆天大梵天少光
天乃至淨居天是一切諸天以天栴檀遙散
佛上來詣佛所頭面礼佛足却住一面釋日
即時帝釋從佛須菩提所聞是甚深般若為
習何法須菩提言諸法久久皆歸涅槃故當
習諸法空是故說欲習般若當習空帝釋是

習諸法空是故說欲習般若當習空帝釋是
人天王於世間自在能與所須願作守護聞
是般若波羅蜜歡喜白佛言我當作何事守
護隨其所須盡當與之須菩提及一比丘出
家法教礼命已諸惡鬼神常惱是人魔若魔
民常惱行者是故問佛我當以何事守護若
遣子弟若遣官屬侍衛隨佛教勑須菩提
知般若有无量力又知佛意欲令般若波羅
蜜貴重不用受恩故語帝釋憍尸迦般若波
羅蜜中皆空如幻如夢法頗見是有一法可
守護不帝釋言不也若可見者不名爲般若
波羅蜜畢竟空若不可見云何說言我當作
何事守護復次憍尸迦若行者如所說般若
中住即是守護若菩薩如般若中所說一心
信受思惟[illegible]憶念入禪[illegible]見[illegible][illegible]實[illegible][illegible]

不惜身命何況少物是人不復守護若
遮諸苦惱令得安樂是人離一切世間法故
无有憂愁苦惱得世間事不以爲喜失世間
事不以爲憂所謂常不離如所說般若波羅
蜜行若人少時應行後還失者宜復守護若
常不離如所說般若波羅蜜則不復守護如
伽羅耶又以捲打舍利弗頭舍利弗時入滅
盡定不覺打痛般若波羅蜜氣力亦即是滅
盡定是故若人若非人不能得便略說二種
因緣不復守護若人若非人不得便一者從
身乃至一切諸法皆能離无我无我所故皆
无所著如斬草木不生憂愁二者得上妙法
故爲十方諸佛菩薩諸天守護復次譬如人
欲守護虛空虛空雨不能壞風日不能乾刀
杖等不能傷若有人欲守護虛空皆是自疲

BD00684　大智度論卷六四

杖等不能傷若有人欲守護虛空者徒自疲
苦於空无益若人欲守護行般若波羅蜜菩
薩亦如是欲令此事明了故問曰如能守護
空及夢中所見人及響幻化人不答言不也
此法但誑心眼暫現已滅云何可守護行般
若波羅蜜菩薩亦如是觀五衆如夢等虛誑
如无為法如法性實際不可思議性无能守
護者亦在所利益行般若菩薩如知身如法
性實際不别得供養利時不喜破壞失時不
憂如是人何須守護尒時帝釋貪貴是如夢
等智慧菩薩得是智慧力不須外守護故問
須菩提云何菩薩知是如夢等空法如所知
見不念夢等者等喻五衆五衆人所著不著
夢等欲令離著事故以不著事為喻欲令觀

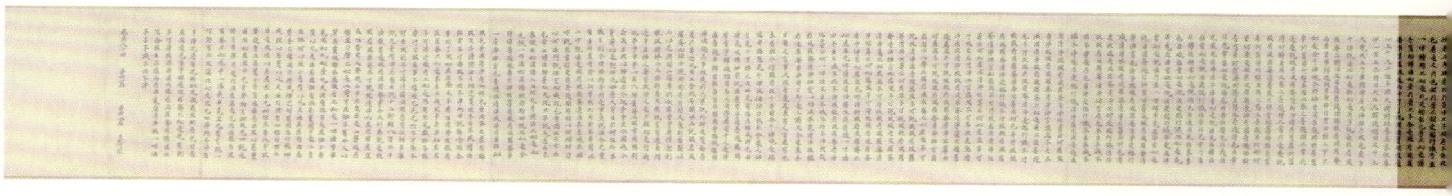

作是言乏有夢法眠睡時生是名念夢是夢
惡是夢好如是分別是名念夢夢得好事則
心高得惡事則心悲又用此夢譬喻得是如
夢實智慧是名念用夢聞是譬喻我曰此夢
得諸法如夢是名我夢餘喻亦如是尒時須
菩提荅帝釋若行者不念色是色非人色樹
色山色是四大若四大所造色等不念是色
若常若无常等不以色故心生憍慢不念色
是我所非我所入无我門直至諸法實相中
是人能不念夢不念是夢等用是夢等譬喻
破着五衆破着故於夢中亦不錯若不能破
色着是人於色錯於夢亦錯受想行識乃至
一切種智亦如是幻炎響影化等亦如是諸
菩薩知諸法如夢於夢亦不念是般若波羅

BD00684　大智度論卷六四

菩薩知諸法如夢於夢亦不念是般若波羅
蜜唯皆甚深是品中了了説諸法實相故是
以三千大千世界諸天持諸供養具來供養
佛一面立尒時四天王天釋提桓因及卅三
天梵天王乃至諸淨居天佛神力故見東方
千佛説法亦如是相如是名字説是般若波
羅蜜品諸比丘字須菩提問難般若波羅蜜
品者皆字釋提桓因南西北方四維上下亦
如是各千佛現尒時佛告須菩提弥勒菩薩
摩訶薩得阿耨多羅三藐三菩提時亦當於
是處説般若波羅蜜賢劫中諸菩薩摩訶薩
得阿耨多羅三藐三菩提時亦當於是處説
般若波羅蜜須菩提白佛言世尊弥勒菩薩
摩訶薩得阿耨多羅三藐三菩提用何相何

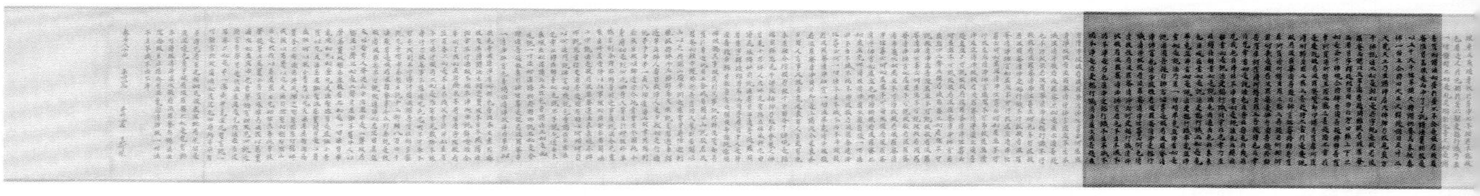

非无常當如是說法色非苦非樂色非我非
无我色非淨非不淨當如是說法色非縛非
解當如是說法受想行識非常非无常乃至
非縛非解當如是說法色非過去色非未來
色非現在當如是說法受想行識亦如是色
畢竟空淨當如是說法受想行識畢竟空淨
當如是說法乃至一切智畢竟空淨當如是
說法須菩提白佛言世尊是般若波羅蜜清
淨佛言色清淨故般若波羅蜜清淨受想行
識清淨故般若波羅蜜清淨世尊云何色清
清故般若波羅蜜清淨云何受想行識清淨
故般若波羅蜜清淨佛言若色不生不滅不
垢不淨是名色清淨受想行識不生不滅不
垢不淨是名受想行識清淨復次須菩提虛

BD00684　大智度論卷六四

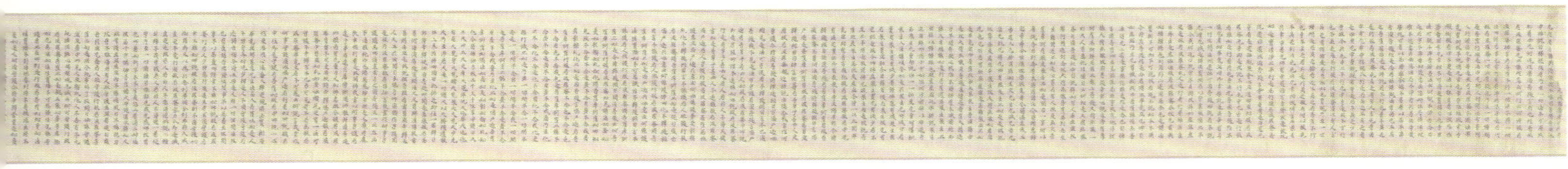

垢不淨是名受想行識清淨復次須菩提虛
空清淨故般若波羅蜜清淨世尊云何虛空
清淨故般若波羅蜜清淨佛言虛空不生不
滅故清淨般若波羅蜜亦如是復次須菩提
色不汙故般若波羅蜜清淨受想行識不汙
故般若波羅蜜清淨世尊云何色不汙故般
若波羅蜜清淨受想行識不汙故般若波羅
蜜清淨佛言如虛空不可汙故虛空清淨世
尊云何如虛空清淨世尊云何如虛空不可
汙故虛空清淨佛言虛空不可取故虛空清
淨虛空清淨故般若波羅蜜清淨復次須菩
提虛空不可說故般若波羅蜜清淨世尊云
何虛空不可說故般若波羅蜜清淨佛言因
虛空中二聲出般若波羅蜜亦如虛空不可

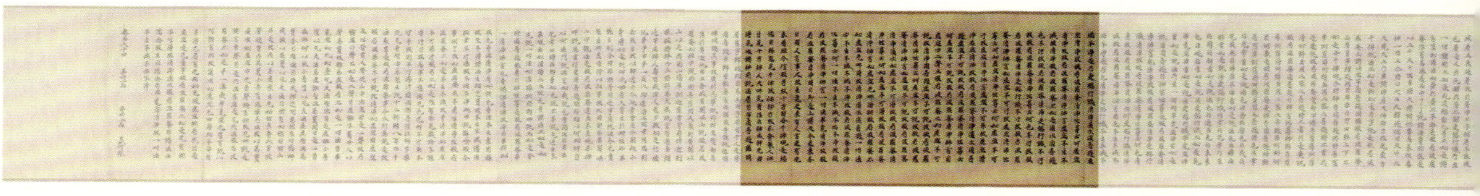

蜜清淨佛言如虛空不可說故般若波羅蜜
清淨復次如虛空不可得故般若波羅蜜清
淨世尊云何如虛空不可得故般若波羅蜜
清淨佛言如虛空无所得相般若波羅蜜亦
如虛空无所得故清淨復次須菩提一切法
中不生不滅不垢不淨故般若波羅蜜清淨
世尊云何一切法不生不滅不垢不淨故般
若波羅蜜清淨佛言一切法畢竟清淨故般
若波羅蜜清淨問曰即是上諸天今更來答
曰有人言事久故去竟更來有人言更有无
來者欲令信般若故十方面各千佛現是福
德因緣應見千佛故佛神力故在會衆人佛
皆見十方佛人天所見有限非佛威神无由
得見彼諸佛前說法者皆字須菩提難問

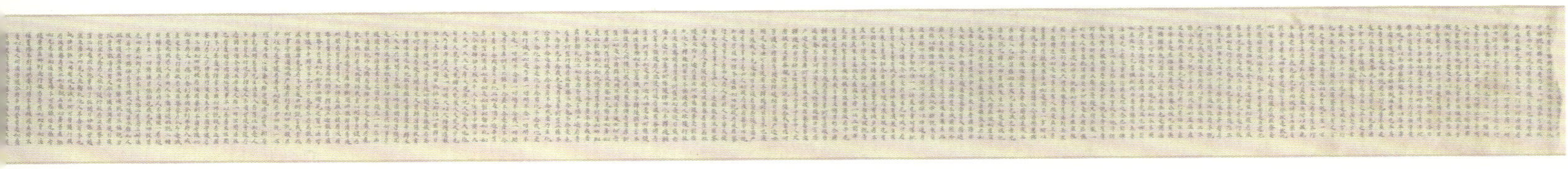

皆見十方佛人天所見有限非佛[illegible][illegible][illegible]由
得見彼諸佛前說法者皆字須菩提難閻
者皆字釋提桓因取其同字者有千人是時
須菩提帝釋皆歡喜言非獨我等能說能問
佛欲證其事故廣引其事說弥勒及賢劫菩
薩於摩迦陀国王舍城耆闍崛山說般若波
羅蜜如經中說弥勒菩薩将大衆到耆闍崛
山以足指開山頂摩訶迦葉骨身著僧迦利
執杖持鉢而出弥勒爲大衆說言有過去釋
迦牟尼佛人壽百歲時人是少欲知足行頭
陀弟子中第一具六神通得三眀常憐愍利
益衆生故以神通力令此骨身至今因此小
身得如是利何况我等大身生於好世而不
能自利尒時弥勒菩因是事廣說法令无量
衆生併盡苦際以此事故知弥勒在耆闍崛

而說應當作

以何法門說佛言如我說色等諸法非常非

无常非縛非解等如先說亦不說色過去未

來現在如涅槃出三世色等諸法亦如是如

先說一切法如涅槃相弥勒所說亦如是今

時須菩提歡喜白佛世尊是般若波羅蜜第

一清淨佛言色等諸法清淨故淨因果相似

故色等法清淨者所謂色等法不失業因緣

故及不得諸法生相空實故不生不滅諸法

相常不汙染故不垢不淨此中說譬喻欲令

事明了故如虛空塵水不著性清淨故般若

波羅蜜亦如是不生不滅故常清淨如虛空

不可染汙般若亦如是唯有耶見戲論不能

染汙刀杖惡事不能壞无色无形不可取不

可取故則不可染汙復次諸菩薩住辯才樂

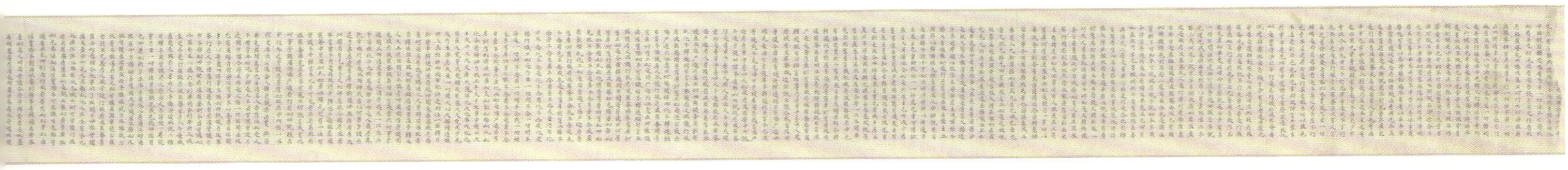

可取故則不可染汙復次諸菩薩住辯才樂
說无量智中為衆生說十二部經八万四千
法聚皆是般若波羅蜜事所分別為說是故
般若波羅蜜不可說故清淨如虛空因虛空
及山谷有人聲從山中出空因是二聲故名
響空口聲亦如是二聲皆虛誑不實所人以
聲為實故響為虛般若亦如是一切法皆畢
竟空如幻如夢凡夫法聖法皆是虛誑小菩
薩以凡夫法為虛誑聖法為實問曰是二皆
虛誑何以故小菩薩以凡夫法為虛聖法為
實答曰聖法因持戒禪定智慧修集功德所
成故以為實以凡夫法自然有如響自然出
非是故作以為虛衆生無始世來著此身故
聲從身出為實小菩薩深樂善法故以為實
復次如虛空中无[illegible]

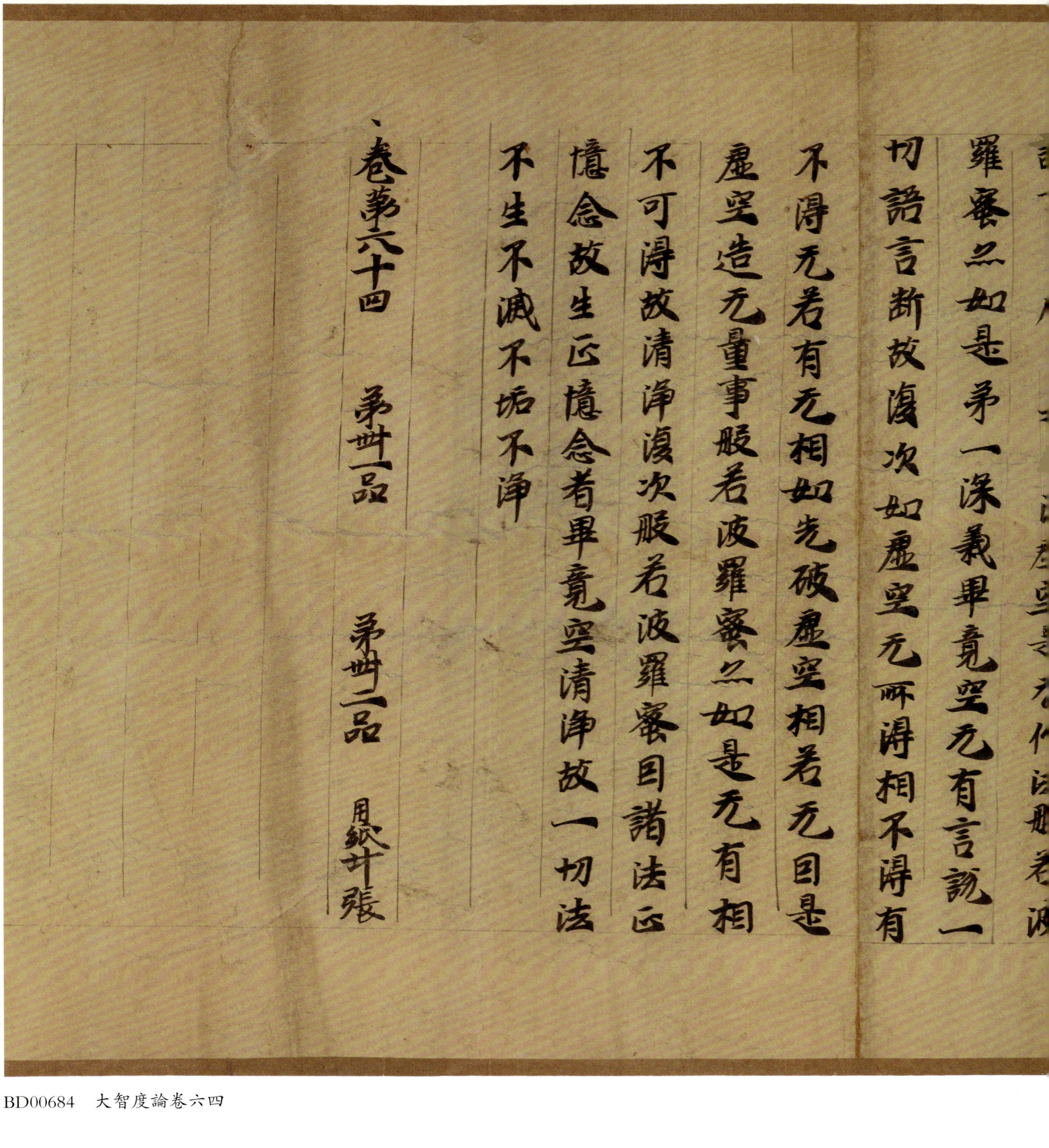

羅蜜亦如是第一深義畢竟空无有言説一
切語言斷故復次如虛空无所得相不得有
不得无若有无相如先破虛空相若无因是
虛空造无量事般若波羅蜜亦如是无有相
不可得故清淨復次般若波羅蜜因諸法正
憶念故生正憶念者畢竟空清淨故一切法
不生不滅不垢不淨

、卷第六十四　第卌一品　第卌二品　用紙廿張

BD00684　大智度論卷六四

卷第六十四　第卅一品　第卅二品　用紙廿張

BD00685 相好經（异本四）

BD00685v 白畫（擬）

275cm × 26.9cm

[illegible]
骨乃至髮際有十四色圍遶無
□來髮際如赤真珠色琓轉下垂有
光□錯彡明皆向上靡圍遶諸髮從頂上
出生諸化佛三念佛佛如來額廣平正額上
諸毛皆向上靡其毛根下梵摩尼色毛端流
光如融紫金光相上靡入於髮際娆轉下垂
至耳輪邊然後布散入諸髮間圍遶璽文
數百千帀從枕骨出如金蓮華日照開敷
適衆生意三念佛佛如來白豪相長一丈五尺十
楞彡明如白琉璃筒中外俱空右旋娆轉在佛
眉間圓如三寸如白頗黎珠十楞光現睒蔽聚
□□□意□不可具見於其毛端出五色光明

還入毛孔[illegible]佛如來左右二[illegible]如[illegible]
諸毛稀稠得所眉光兩靡散入諸鬚其色焰
紫紺青瑠璃蜂翠孔雀色無以類猶如聚墨
比琉璃光眉下三畫及眼匡中旋生四光青黃
赤白上向焰出入眉骨中出眉毛端 三念佛 佛如來
眼瞼上下各生五百毛柔軟可愛如優曇華鬚 三念佛
佛如來眼如四大海水青白分明白者白於白寶青者
勝青蓮華上下俱眴如牛王目目雙眥 疾計反
頭旋出二光如青蓮華 三念佛 佛如來耳普垂
䐒 都果反 相兩耳孔中旋生七毛輪郭衆相如寶
蓮華懸處日光兩耳內外出生蓮華及耳孔
七毛流出諸光光有五百支支有五百色 三念佛
佛如來方頰車相頰上六畫中左右正等有妙
光明[illegible]蓋普常如淨金色譬如和合百千日月

BD00685　相好經（异本四）

佛如来方頰車相頰上六畫中左右正等有妙
光色輝豔倍常如淨金色譬如和合百千日月
三念佛 佛如来鼻高脩直如鑄金鋌當于面門其
孔流光上下灌注 三念佛 佛如来髭鬚如耕牛形於
毛端頭開敷三光紫紺紅色直從口邊旋頸上照
圍繞圓光作三種畫其畫分明色中上者 三念佛
佛如来師子欠相佛張口時如師子王口方正正等
口兩吻邊流出二光其光金色 三念佛 佛如来脣色
赤好如頻婆菓於上下脣及齗 五斤又 腭間和合
出光其光圍圓猶如百千赤真珠貫從佛口
出入於佛鼻從佛鼻出入白毫中從白毫出
入諸髮間暎飾諸華 三念佛 佛如来口卌齒 上齒
印文上生光其光紅白光光相照照卌齒令卌齒
具牛忍齒齊白如頗梨齊上下齊平無參差者其

齒間諸畫流出諸光亦多白色如[illegible]
在世時暎耀人目 三念佛 佛如来上腭八万四千
畫了了分明下斷如優曇鉢華莖色 三念佛 佛
如来廣長舌相佛舌出時如赤蓮華葉上
至髮際遍覆佛面其舌根下及舌兩邊有二
寶珠流注甘露滴舌根上諸天世人十地菩薩
無此舌相亦無此味其舌上五畫五彩分明如
寶印文其舌下十脉衆光流出如此上味入印
文中流注上下入琉璃筒諸佛笑時動其舌
根此味力故舌出五光五色分明 三念佛 佛如来咽
喉相光淨可愛如金翅鳥眼 三念佛 佛如来喉嚨如
琉璃筒狀若累蓮華節節相重 三念佛 佛如来心
如紅蓮華金華暎飾妙琉璃筒懸在佛胷團
圓如心開如不開合如不合紅華金光有八万四

如紅蓮華金華睒飾妙琉璃筒懸在佛胷圓
圓如心開如不開合如不合紅華金光有八万四
千脉猶如天畫一一畫中有八万四千光一一光明八
万四千色一一色中有無量微塵數化佛一一化
佛坐金剛臺其金剛臺放金色光是諸化
佛遊佛心間任往五道度苦衆生三念佛佛如
来頂臚圓相三約分明出二種光其光万色三念佛
佛如来咽喉有三點相分明猶如伊字一一點中
流出二光三念佛佛如来缺充骨兩手兩足及項後
七處皆平滿相光明遍照十方世界作虎魄色三念佛
佛如来兩肩髆圓滿相三念佛佛如来髀臚纖
圓如鳥王臯三念佛佛如来肘骨如龍王䟦婉
轉相著節頭蟠龍不見其迹三念佛佛如来
[illegible]一一有節端

有十二輪相現三念佛佛如来赤銅[illegible]
了了分明三念佛佛如来手十指端各有万字相
万字點間有千輻輪相三念佛佛如来手合
縵掌鎩指不見張時則現如真珠網分明可
愛三念佛佛如来手掌文蘭成如自在天宫其
掌平正人天無類當於掌中生千輻輪相於
十方面開摩尼光三念佛佛如来手背毛皆上向
靡如紺琉璃流出五光入網縵中三念佛佛如来手
足柔軟如天劫貝三念佛佛如来手内外握三念佛
佛如来上身胸臆廣厚如師子王三念佛佛如来
胸德字万印相中放三摩尼光三念佛佛如来腋
下平滿懸生五珠如摩尼珠上踊於腋有五
百色光明共相暎發三念佛佛如来腹小不現相三念佛
佛如来齊如毗楞伽寶珠於其齊中有万億

BD00685　相好經（异本四）

百色光明共相暎發 三念佛 佛如来腹小不現相 三念佛
佛如来齊如毗楞枷寶珠於其齊中有万億
寶華一一寶華万億那由他菓一一菓万億那由
他色一一色万億那由他光 三念佛 佛如来腸肋大
小正等婉轉相著 三念佛 佛如来諸骨枝節蟠龍
相結其間密緻 三念佛 佛如来鈎鏁骨巻舒自
在不相妨礙其骨色鮮白頗梨雪山不得為
髀上有紅光間錯成文凝液如脂皆出金色
三念佛 佛如来馬王藏相身根平滿狀如滿月有
金色光猶如日輪 三念佛 佛如来兩髀周圓漸次
而鮫 三念佛 佛如来兩膝骨圓著好 三念佛 佛如来
伊尼鹿王蹲相 三念佛 佛如来足跟圓長有 梵
王頂相衆蠡不異各生一華其華微妙猶 如
[illegible] 三念佛 佛如来[illegible]不見[illegible] 三念

佛如来足趺高平相 佛如来足趺[illegible]

浮檀金色毛皆上靡及身諸毛隨一毛孔一毛

旋生柔軟可愛 三念佛 佛如来足指網間如羅文

彩於其文間衆色玄黄不可具名 三念佛 佛如来

足十指纖圓釺齊赤銅爪其爪端有五師子口相

三念佛 佛如来脚十指端盝文相如毗紐羯摩天所

畫之印 三念佛 佛如来足下平滿不容一毛 三念佛 佛

如来足下千輻輪相轂輞具足魚鱗相次金剛

杵相 三念佛 佛如来那羅延力合以成身結跏趺

坐坐百寶蓮華座 三念佛 自此已前是順觀佛

身相法若欲逆觀佛者即從佛足指次第向

上二相好觀之至佛頂相此是逆觀法

若欲觀佛圓光者世尊在日若行之時項光

照也前一由旬純黄金色後一由旬純黄金色

若欲觀佛圓光者世尊在日若行之時項光
照地前一由旬純黄金色後一由旬純黄金色
左一由旬純黄金色右一由旬純黄金色有人近
佛左右行者其人皃識皆悉不現人遠望之同
為金色有人諦觀佛項光者前行看者見佛
在前從後看者見佛在後左邊看者見佛在左
右邊看者見佛在右八方人來遥見項光各作是
言瞿曇沙門在金山中遊行自在來向我所如是
衆生各各異見此是項光相 三念佛 若有行者欲修
此觀法者可依前法二相好次第分明觀想作意
一作十六翻逆皆然若能用心勤作觀者不久現身
見佛一一事相不可思議行者自知注是人語
佛告阿難如來有卅二大人相八十種隨形好
金光明一一光明無量化佛身諸毛孔

一切變現及佛色身略中說略者我令
爲此時會大衆及淨飯王略說相好佛生
人間亦同人事因人相故說卅二相勝諸天
故說八十種好爲諸菩薩說八万四千諸妙
相好佛實相好我初成道摩伽陁國寂滅
道場爲普賢賢首等諸大菩薩於雜華
經已廣分別此尊法中所以略說爲諸凡夫及
四部弟子謗方等經作五逆罪犯四重禁偷
僧祇物婬比丘尼破八戒齋作諸惡事種種
邪見如是等人若能至心一日一夜繫念在前
觀佛如來一相好者諸惡罪鄣皆悉盡滅是
故如來名婆伽婆名阿羅訶名三藐三佛馱名
功德日名智滿月名清涼池名除罪珠名光
[illegible]

功德日名智滿月名清涼池名除罪珠名光
明藏名智慧山名弍品河名迷衢道名耶
見燈名煩惱賊名一切衆生父母大歸依處
若有歸依佛世尊者若稱名者除百千劫
煩惱重障何況正心脩念佛定
佛告阿難如來往昔无邊阿僧祇劫以智慧
火燒煩惱薪脩无相定不非時證是故獲得
如是勝相一一相中无量化佛何況多相若能
繫心觀一毛孔是人名爲行念佛定以念佛故
十方諸佛常立其前爲說正法此人即爲
能生三世諸如來種何況具足念佛色身
如來亦有无量法身十力无畏三昧解脫諸
神通事如此妙處非汝凡夫所學境界但當
[illegible]

德念佛功德者所謂戒定智慧解脫解
脫知見金色卅二相八十隨形好十力四无所畏
十八不共法大悲三念處是若有衆生一聞
佛身如上功德相好光明億千劫不墮惡道
不生耶見難識之處常得正見勤脩不息但
聞佛名獲如是福何況繫念觀佛三昧

相好經一卷

BD00685v　白畫（擬）

BD00686 大般涅槃經卷一

（北涼）曇無讖 譯

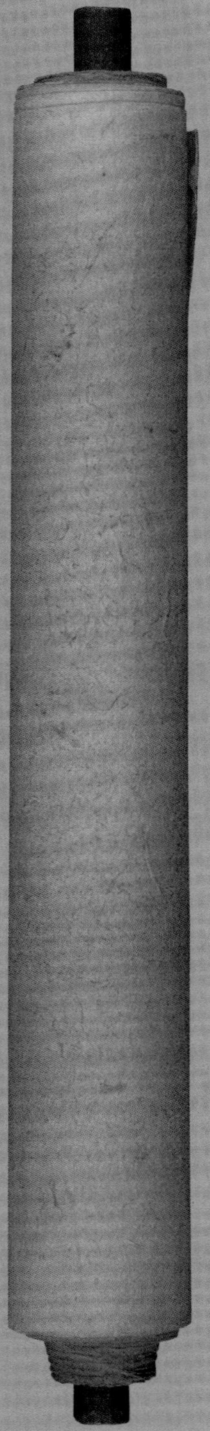

411.6cm×25.8cm

樹上時非時華散雙樹間復有十万億恒河
沙樹雲雨神皆作是念如來涅槃焚身之時
我當注雨令火時滅衆中熱悶爲作清涼復
有二十恒河沙大香象王羅睺象王金色象
王甘味象王紺眼象王欲香象王等而爲上
首敬重大乘愛樂大乘知佛不久當般涅槃
各各拔取无量无邊諸妙蓮華來至佛所頭
面礼佛却住一面復有二十恒河沙等師子
獸王師子吼王而爲上首施與一切衆生无
畏持諸華果來至佛所稽首佛足却住一面
復有二十恒河沙等諸飛鳥王鳧鴈鴛鴦孔
雀諸鳥揵闥婆鳥迦蘭陁鳥鸜鵒鸚鵡俱翅
羅鳥婆嘻伽鳥迦陵頻伽鳥耆婆耆婆鳥如
是等諸鳥王持諸華菓來至佛所稽首佛足

至佛所出妙香乳具乳流滿拘尸那城所有
溝坑色香美味悉皆具足成是事已却住一
面復有二十恒河沙等四天下中諸神仙人
忍辱仙等而為上首持諸香華及諸甘菓來
詣佛所稽首佛足遶佛三迊而白佛言唯願
世尊哀受我等最後供養如來知時默然不
許時諸仙人不果所願心懷愁惱却住一面
閻浮提中一切蜂王妙音蜂王而為上首持種
種華來詣佛所稽首佛足遶佛一迊却住一面
尒時閻浮提中比丘比丘尼一切皆集唯除尊
者摩訶迦葉阿難二衆復有无量阿僧祇恒
河沙等世界中間及閻浮提所有諸山須弥
山王而為上首其山莊嚴叢林蓊欝諸樹茂
盛枝葉扶疎蔭蔽日光種種妙華周遍嚴飾

山王而為上首其山莊嚴叢林蓊欝諸樹茂
盛枝條扶踈蔭蔽日光種種妙華周遍而有
龍泉流水清淨香潔諸天龍神乾闥婆阿脩
羅迦樓羅緊那羅摩睺羅伽神仙呪術作倡
伎樂如是等衆充滿其中是等諸仙神亦来
諸佛稽首佛足却住一面復有阿僧祇恒河
沙等四大海神及諸河神有大威德具大神
足所設供養倍勝於前諸神身光妓樂燈明
悉蔽日月令不復現以占婆華散熙連河来
至佛所稽首佛足却住一面尒時拘尸那城
娑羅樹林其林變白猶如白鶴於虛空中自
然而有七寶堂閣彫文刻鏤綺飾分明周匝
欄楯衆寶雜廁臺下多有流泉浴池上妙蓮
華亦滿其中猶如北方欝單越國亦如忉利

者[illegible]
可愛樂亦復如是是諸天人阿脩羅等咸覩
如來涅槃之相皆悉悲感憂不樂尒時四
天王釋提桓因各相謂言汝等觀察諸天世
人及阿脩羅大設供養欲於最後供養如來
我等亦當如是供養若我最後得供養者
檀波羅蜜則為成就滿足不難尒時四天王
所設供養倍勝於前持曼陁羅華摩訶曼陁
羅華迦抳樓伽華摩訶迦抳樓伽華曼殊沙
華摩訶曼殊沙華散多尼迦華摩訶散多尼
迦華愛樂華大愛樂華普賢華大普賢華時
華大時華香城華大香城華歡喜華大歡喜
華發欲華大發欲華香醉華大香醉華普香
華大普香華天金葉華龍華波利質多樹華
拘毗陁羅樹華復持種種上妙甘膳來至佛所

華大普香華天金葉華龍華波利質多樹華
拘毗陁羅樹華復持種種上妙甘饍來至佛所
稽首佛足是諸天人所有光明能覆日月令
不復現以是供具欲供養佛如來知時默然
不受尒時諸天不果所願愁憂苦惱却住一面
尒時釋提桓因及三十三天設諸供具忽倍勝
勝前及所持華亦復如是香氣微妙甚可愛
樂持得勝堂并諸小堂來至佛所稽首佛足
而白佛言世尊我等深樂愛讃大乘唯願如
來哀受我食如來知時默然不受時諸釋天
不果所願心懷愁惱却住一面乃至第六天
所設供養展轉勝前寶幢旛蓋寶蓋小者覆
四天下旛最短者周圍四海幢最卑者至自
在天微風吹幢出微妙音聲持上甘饍來詣

佛所稽首佛足白佛言世尊唯願如來哀受
我等最後供養如來知時默然不受是諸天
等不果所願心懷愁惱却住一面唯除有頂
其餘梵衆一切來集尒時大梵天王及餘梵
衆放身光明遍四天下欲界人天日月光明
悉不復現持諸寶幢繒綵幡蓋幡撩柜者懸
於梵宮至娑羅樹間來詣佛所稽首佛足白
佛言世尊唯願如來哀受我等最後供養如
來知時默然不受尒時諸梵不果所願心懷
愁惱却住一面
尒時毗摩質多羅阿脩羅王與无量阿脩羅
大眷屬俱身諸光明勝於梵天持諸寶幢繒
綵幡蓋其蓋小者覆千世界上妙甘饍來詣
佛所稽首佛足而白佛言世尊唯願如來哀
受我等最後供養如來知時默然不受是諸阿

佛所稽首佛足而白佛言世尊唯願如来哀
受我等最後供養如来知時默然不受諸阿
脩羅不果所願心懷愁惱却住一面
尒時欲界魔王波旬與其眷屬諸天婇女无
量无邊阿僧祇衆開地獄門施清淨水因而
告曰汝等今者无所能為唯當專念如来應
正遍知建立最後隨喜供養當令汝等長夜
獲安時魔波旬於地獄中悉除刀劒无量苦
毒熾然炎火注雨滅之以佛神力復發是心
令諸眷屬皆捨刀劒弓弩鎧仗鉾矟長鉤金
椎鉞斧鬪輪羂索所持供養倍勝一切人天
所設其蓋小者覆中千世界来至佛所稽首
佛足而白佛言我等今者愛樂大乘守護大

乘或真或為我等尒時當為是人除滅怖畏
說如是呪
啅枳 吒吒羅啅枳 盧呵絵 摩訶盧呵絵
阿羅 遮羅 多羅 莎呵
是呪能令諸失心者怖畏者說法者不斷正
法者為伏外道故護己身故護正法故護大
乘故說如是呪若有能持如是呪者无惡象
怖若至曠野空澤險處不生怖畏亦无水火
師子虎狼盜賊王難世尊若有能持如是呪
者悉能除滅如是等怖世尊持是呪者我當
護之如龜藏六世尊我等今者不以諂誑
如是事持是呪者我當至誠益其勢力唯願
如來哀受我等最後供養尒時佛告魔波旬
言我不受汝飲食供養我已受汝所說神呪

如来哀受我等最後供養尒時佛告魔波旬
言我不受汝飲食供養我已受汝所説神呪
爲欲安樂一切衆生四部衆故佛説是已默
然不受如是三請皆亦不受時魔波旬不果
所願心懷愁惱却住一面
尒時大自在天王與其眷屬无量无邊及諸
天衆所設供具悉覆梵釋護世四王人天八
部及非人等所有供具釋梵所設猶如聚墨
在珂貝邊悉不復現寶蓋小者能覆三千大
千世界持如是等供養之具来詣佛所稽首
佛足遶无數匝白佛言世尊我等所獻微末
供具喻於蚤子供養於我亦如有人以一掬水
投於大海然一小燈助百千日春夏之月
衆華茂盛有持一華益於衆華以葶藶子

益須彌山當有

尊我今所奉微末供具亦復如是若以三千大

千世界滿中香華妓樂幢蓋供養如来尚不

足言何以故如来為諸衆生常於地獄餓鬼

畜生諸惡趣中受諸苦惱是故世尊應見哀

愍受我等供

尒時東方去此无量无數阿僧祇恒河沙微

塵等世界彼有佛土名意樂美音佛号虛空

等如来應正遍知明行足善逝世間解无上

士調御丈夫天人師佛世尊尒時彼佛即告

第一大弟子言善男子汝今宜往西方娑婆

世界彼土有佛号釋迦牟尼如来應正遍知

明行足善逝世間解无上士調御丈夫天人

師佛世尊彼佛不久當般涅槃善男子汝可

持此世界

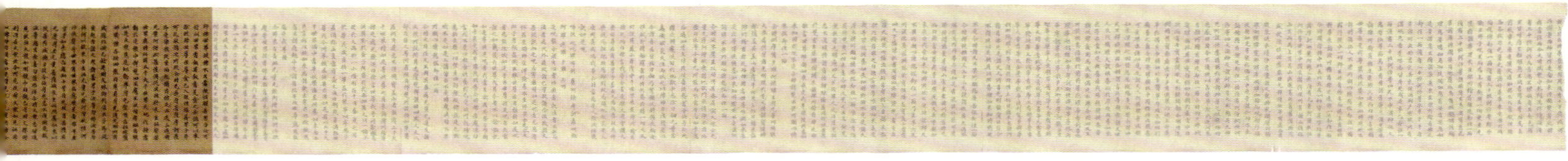

師佛世尊彼佛不久當般涅槃善男子汝可
持此世界香飯其飯香美食之安隱可以奉
獻彼佛世尊世尊食已入般涅槃善男子并
可礼敬請决所疑尒時无邊身菩薩摩訶薩
即受佛教從坐而起稽首佛足右遶三匝與
无量阿僧祇菩薩俱從彼國發來至此娑婆
世界應時此間三千大千世界大地六種震
動於是衆中釋梵四王魔王波旬摩醯首羅
如是大衆見是地動舉身毛竪喉舌枯燥驚
怖戰慄各欲四散自見其身无復光明所有
威德殊滅无餘是時文殊師利法王子即從
坐起告諸大衆諸善男子汝等勿怖汝等勿
怖何以故東方去此无量无數阿僧祇恒河
沙微塵等世界有世界名意樂美音佛號虛

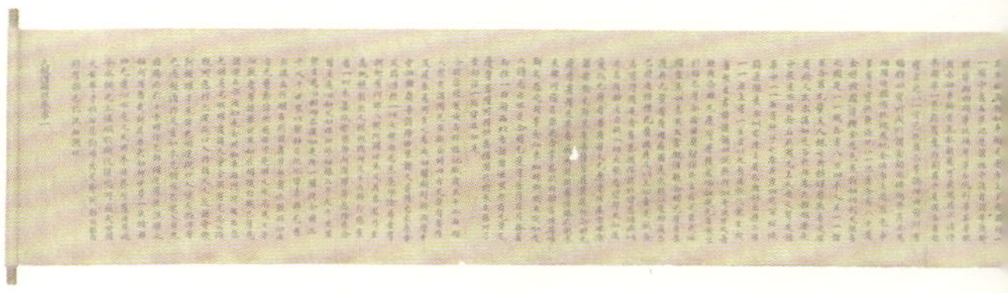

无邊身與无量菩薩欲來至此供養如來以
彼菩薩威德力故令汝身光悉不復現是故
汝等應生歡喜勿懷恐怖尒時大衆悉皆遥
見彼佛大衆如明鏡中自觀己身時文殊師
利復告大衆汝今所見彼佛大衆如見此佛
以佛神力復當如是得見九方无量諸佛尒
時大衆各相謂言苦哉苦哉世間空虚如來
不久當般涅槃是時大衆一切悉見无邊身
菩薩及其眷屬是菩薩身一一毛孔各各出
生一大蓮華一一蓮華各有七万八千城邑
縱廣正等如毗耶離城墻壁諸壍七寶雜廁
多羅寶樹七重行列人民熾盛安隱豐樂閻
浮檀金以為却敵一一却敵各有種種七寶
林樹華菓茂盛微風吹動出微妙音其聲和

BD00686　大般涅槃經卷一

[illegible]
林樹華菓茂盛微風吹動出微妙音其聲和
雅猶如天樂城中人民聞是音聲即得受於
上妙快樂是諸壍中妙水盈滿清淨香潔如
真琉璃是諸水中有七寶船諸人乘之遊戲
澡浴共相娛樂快樂无極復有无量雜色蓮
華優鉢羅華拘物頭華波頭摩華分陁利華
其華縱廣猶如車輪其壍岸上多有園林一
一園中有五泉池是諸池中復有諸華優鉢
羅華拘物頭華波頭摩華分陁利華其華縱
廣亦如車輪香氣馚馥甚可愛樂其水清淨
柔濡第一鳧鴈鴛鴦遊戲其中其園各有衆
寶宮宅一一宮宅縱廣正等滿四由旬所有
牆壁四寶所成所謂金銀琉璃頗梨真金為
[illegible]

皆有七寶流泉浴池一一池邊各有八十黃
金梯桄閻浮檀金為芭蕉樹如忉利天歡喜
之園是一一城各有八万四千人王一一諸
王各有无量夫人綵女共相娛樂歡喜受樂
其餘人民亦復如是各於住處共相娛樂是
中衆生不聞餘名純聞无上大乘之聲是諸
華中一一各有師子之座其座四足皆紺琉
璃柔濡素衣以布座上其衣微妙出過三界
一一座上有一王坐以大乘法教化衆生或
有衆生書持讀誦如說修行如是流布大乘
經典尒時无邊身菩薩安止如是无量衆生
於自己身令捨世樂皆作是言苦哉苦哉世
間空虛如來不久當般涅槃尒時无邊身菩
薩與无量菩薩周匝圍遶示現如是神通力
已持是種種无量供具及以上妙肴膳飲食

BD00686　大般涅槃經卷一

薩與无量菩薩周遍圍遶亦現如是神通力
已持是種種无量供具及以上妙香美飲食
若有得聞是食香氣煩惱諸垢皆悉消滅以
是菩薩神通力故一切大衆悉皆得見如是
變化无邊身菩薩身大无邊量同虛空唯除
諸佛餘无能見是菩薩身其量邊際尒時无
邊身菩薩及其眷屬所設供養倍勝於前來
至佛所稽首佛足合掌恭敬白佛言世尊唯
願哀愍受我等食如來知時默然不受如是
三請悉亦不受尒時无邊身菩薩及其眷屬
却住一面南西北方諸佛世界亦有无量无
邊身菩薩所持供養倍勝於前來至佛所乃
至却住一面皆亦如是
尒時娑羅雙樹吉祥福地縱廣三十二由旬

[illegible][illegible][illegible]間无空缺尒時四方无邊身菩薩
及其眷屬所坐之處或如錐頭針鋒微塵十
方如微塵等諸佛世界諸大菩薩悉來集會
及閻浮提一切大衆亦悉來集唯除尊者摩
訶迦葉阿難二衆阿闍世王及其眷屬乃至
毒虵視能煞人蜣蜋蝮蝎及十六種行惡業
者一切來集陁那婆神阿脩羅等悉捨惡念
皆生慈心如父如母如姊如妹三千大千世界
衆生慈心相向亦復如是除一闡提尒時三
千大千世界以佛神力故地皆柔濡无有
丘墟土沙礫石荊棘毒草衆寶莊嚴猶如西
方无量壽佛極樂世界是時大衆悉見十方
如微塵等諸佛世界如於明鏡自觀己身見
諸佛土亦復如是尒時如來面門所出五色
光明其光明曜覆諸大會令彼身光悉不復

光明其光明曜覆諸大會令彼身光悉不復
現所應作已還從口入時諸天人及諸會衆
阿脩羅等見佛光明還從口入皆大恐怖身
毛爲竪復作是言如來光明出已還入非无
因緣必於十方所作已辦將是最後涅槃之
相何其苦哉何其苦哉如何世尊一旦捨離
四无量心不受人天所奉供養聖慧日月從
今永滅无上法船於斯沉沒嗚呼痛哉世間
大苦舉手推匈悲號啼哭支節戰動不能自
持身諸毛孔流血灑地

大般涅槃經卷第一

圖書在版編目（CIP）數據

中國國家圖書館藏敦煌文獻．第四六册 / 中國國家圖書館編．—北京：國家圖書館出版社，2024.12

ISBN 978-7-5013-7969-9

Ⅰ．①中…　Ⅱ．①中…　Ⅲ．①敦煌學－文獻　Ⅳ．① K870.6

中國國家版本館 CIP 數據核字（2024）第 036728 號

書　　名	中國國家圖書館藏敦煌文獻・第四六册
著　　者	中國國家圖書館　編
項目統籌	魏　崇　殷夢霞
責任編輯	程魯潔　潘　竹　黄　鑫　苗文葉
責任校對	王　哲
出版發行	國家圖書館出版社（北京市西城區文津街 7 號　100034） （原書目文獻出版社　北京圖書館出版社） 010-66114536　63802249　nlcpress@nlc.cn（郵購）
網　　址	http://www.nlcpress.com
排版印裝	天津裕同印刷有限公司
版次印次	2024 年 12 月第 1 版　2024 年 12 月第 1 次印刷
開　　本	787 × 1092　1/8
印　　張	38.5
書　　號	ISBN 978-7-5013-7969-9
定　　價	2800.00 圓